叢書ベリタス

フランス革命とマルクスの思想形成

ジャン・ブリュア 著

渡辺恭彦 訳

八朔社

Jean Bruhat

La Révolution française et la formation de la pensée de Marx

Annales historiques de la Révolution française

38e Année, №184, La Pensée Socialiste devant la Révolution française

(Avril-Juin 1966), pp.125-170

まえがき

別のある一つの領域、すなわちフランス革命の歴史という領域に踏みこむためには、ときどきフランス革命の領域そのものから離れてみることが有益であるかもしれない(1)。

（1）この論文は、一九六三年一二月八日のロベスピエール研究協会（Société des Études robespierristes）の総会の際に提出した報告のテキストを敷衍したかたちでふたたびとりあげたものである。筆者は、報告につづく討論のなかで出されたいくつかの見解を考慮にいれた。

実際、後世の諸世代がフランス革命についてどんなことを考えたか、それらの世代のフランス革命観が歴史家たちにどの程度影響を与えたか、そしてまた逆に、そのフランス革命観が歴史家たちによってどの程度影響されたかをしることは、どうでもよいことではない。このような研究の過程で、突如として隅のある暗がりに光が投じられることがある。それゆえわれわれは、フランス革命についての認識は、脇道への逸脱と考えれば考えられるようなことから十分利益をうけるものと信じている。

マルクスが問題となっているので、重要な見解を一つつけ加えておかなければならない。すなわち、マルクスがフランス革命について抱いた考えは、思想と組織の一つの体系のなかに組みこまれたが、その体系は、政治的エリート（とくに労働者エリート）にますます深く浸透することによって、今度は、歴史の歩みのうえに重くのしかかる力となったのである。それゆえ、マルクス主義を通じて、またそれによって、フランス革命は新たな青春をふたたび見出すとさえ極論できるであろう。

ひとはしばしばレーニンの評価を引用してきた。レーニンにとっては、マルクスの学説は「人類が十九世紀に創造した最もすぐれたすべてのもの、すなわち、ドイツの哲学、イギリスの政治経済学およびフランスの社会主義の正当な継承者」である。[2] おそらく、これらの三つの源泉にフランス革命の影響をつけ加えるのが適当であろう。革命一五〇周年にあたる一九三九年に、わたしはある出版社から、一七八九年の革命に関するマルクスおよびエンゲルスのすべてのテキストを集めたものをつくることをまかされていた。この仕事は、戦争が勃発したとき完成からはほど遠い状態であった。わたしには、このテキスト集の序論になると思われるもののためにいくつかのノートを紙面に書くだけの時間しかなかった。これらのノートは、一九三九年の秋に偽名で出版された。[3]

（2）レーニン「マルクス主義の三つの源泉と三つの構成部分」『選集』第一巻、六五―六八頁〔邦訳、大月書店版（以下同じ）『レーニン全集』第二一巻、三七頁〕。

（3）ジャン・モントロー「フランス革命とマルクスの思想」（Jean Montreau, La Révolution française et la pensée de Marx）『パンセ』（*La Pensée*）第三号、一九三九年一〇・一一・一二月号、二四―三八頁。

二〇年以上もたったこれらの古いいくつかのノートは、その主要部分が時代遅れのものとなってしまった。なぜなら、マルクスの歩んだ道は、一九三九年以降、それ以前よりもはるかによく知られているからである。わたしは、この道を明らかにしたところの、そしてわたしがこの論文の主要部分をそれに負うところの諸労作をつぎつぎに引用するであろう。しかしただちに、オーギュスト・コルニュ（Auguste Cornu）の三巻本の大著『カール・マルクスおよびフリードリヒ・エンゲルス』（*Karl Marx et Friedrich Engels*）[4]、一七八九年から一八四八年にかけてのドイツについてのJ・ドロ（J. Droz）のいくつかの研究[5]、ならびに、マルクス、エンゲルスの新版へのエミール・ボッティジェリ（Emile Bottigelli）[6]、ジルベール・バディア（Gilbert Badia）[7]、およびジャン・フルヴィル（Jean Fréville）[8]の序論がこの種の研究にたいしてもっているまったく特別な重要性を強調しておく必要がある。[9]

(4) オーギュスト・コルニュ『カール・マルクスおよびフリードリヒ・エンゲルス。その生涯と著作』(Auguste Cornu, *Karl Marx et Friedrich Engels, leur vie et leur œuvre*) 第1巻『幼・青年時代。ヘーゲル左派(一八一八/一八二〇―一八四二年)』(Tome I, *Les années d'enfance et de jeunesse. La gauche hégélienne* (*1818/1820-1842*)) パリ、一九五五年。第二巻『自由主義から共産主義へ。『ライン新聞』。『独仏年誌』(一八四二―一八四四年)』(tome II, *Du libéralisme au communisme. La*《*Gazette rhénane*》*Les*《*Annales franco-allemandes*》(*1842-1844*)) 一九五八年。第三巻『パリのカール・マルクス』(tome III, *Karl Marx à Paris*) 一九六二年)。同「カール・マルクスとフランス革命」(Karl Marx et la Révolution française)『パンセ』(*La Pensée*) 第八一号、一九五八年九・一〇月号、六一―七四頁参照。

(5) ジャック・ドロ『ライン自由主義一八一五―一八四八年』(Jacques Droz, *Le libéralisme rhénan, 1815-1848*)(パリ、一九四〇年)、『フランスライン住民の政治・道徳思想』(*La Pensée politique et morale des Cisrhénans*)(パリ、一九四〇年)、『一八四八年ドイツ革命』(*Les Révolutions allemandes de 1848*)(パリ、一九五七年)。同「一八四八年革命期におけるドイツへのマルクスの影響」(L'influence de Marx en Allemagne pendant la révolution de 1848)(『一八四八年革命史協会論文集』(*Recueil de la Société d'histoire de la révolution de 1848*) 一九五四年所収) 参照。

(6) とくに、カール・マルクスのつぎの翻訳への序文を参照。『フランスにおける階級闘争(一八四八―五〇年)』(*Les luttes de classes en France* (*1848-1850*))、『ルイ・ボナパルトのブリュメール一八日』(*Le 18 Brumaire de Louis Bonaparte*)(パリ、一九四八年)、『フランスにおける内乱』(*La guerre civile en France*)(パリ、一九五三年)、『経済学批判序説』(*Contribution à la Critique de l'economie politique*)(パリ、一九五七年)、『一八四四年手稿』(*Manuscrits de 1844*)(パリ、一九六二年)。

(7) われわれは、G・バディア(G. Badia)、P・バンジェ(p.Bange)、およびE・ボッティジェリ(E. Bottigelli)につぎの著作集を負うている。『カール・マルクス=フリードリヒ・エンゲルス、宗教について』(Karl Marx-Friedrich Engels, *Sur la religion*)(パリ、一九六〇年)。〔このうちの〕いくつかのテキストはフランス革命に関するものである。

(8) つぎの著作集への序文を参照。『カール・マルクス=フリードリヒ・エンゲルス、文学および芸術について』(Karl Marx-Friedrich Engels, *Sur la littérature et l'art*)(パリ、一九五四年)、一七―一三二頁。

(9) 同じ主題に関するリヒャルト・ニュールンベルガー(Richard Nürnberger)の研究は、歴史家にとってはあまりに一般的すぎるようにみえるであろう(「革命的に理解されたフランス革命」(Die französische Révolution im révolutionaren Selbstverständnis)、『マルクス主義研究』(*Marximusstudien*)第二編、チュービンゲン、一九五七年、六六―七六頁)。

わたしの意図は、きわめてささやかなものではあるが、しかしきわめてはっきりしている。この論文の標題にみられるかもしれない曖昧さはただちに取除こう。すべてのひとが同意することであるが、マルクス主義的歴史観は、一七八九年の革命についてのよりすぐれた認識のために新たな道を開いた。その歴史観は、すくなくとも「特権的仮説」とよびうるものであった。しかし、問題はこのことではない。わたしには、フランス革命のマルクス主義的解釈を論ずるつもりはない。

わたしは、自分に二つの問題を提起した。

第一の問題――史的唯物論は、その主要部分が――わたしははっきりと主要部分が、という――一八四八年頃に定式化される。わたしは、それがこの時期に完成されたとは考えない。それは、一世紀以上も前から発展し、陰影を増し、豊かになりつづけた。そして、そのことは〔今でも〕決して終っていないのである。フランス革命についての省察は、マルクスをして唯物論的・弁証法的歴史概念を定式化させるにいたった考察にたいして寄与したのであろうか。(10)

(10)「史的唯物論」という慣用的表現は、マルクス主義的歴史概念のもつ諸側面の一側面しか強調せず、したがってまた厳密に決定論的で機械論的な解釈を容易にするという大きな欠点をもっている。むしろ、歴史の運動の唯物論的ならびに弁証法的説明について述べる方がよいであろう。

第二の問題――一八四八年以後、マルクスの政治的役割が確認される。偉大な経験の時がやってきたのである。一八四八年の諸革命、「国際労働者協会」の形成、発展ならびに変遷、パリ・コンミューン、ドイツおよびフランスにおける労働者的国民政党の形成。これらの諸経験を通じて、労働者階級の組織化、プロレタリア革命および社会主義についてのマルクス主義理論が明確になるのである。ブルジョア革命は、どの程度マルクスにとって――哲学者の言葉を用いるならば――一つの《手本《モデル》》であったであろうか。

これら二つの問題を述べることは、〔マルクスの思想の〕展開の順序を提議することではない。なぜならば、これらの問題は、二つの側面――理論的と実践的の二つの側面――に存在しており、それらの側面は、マルクスにおいては不断に交叉しあっているからである。わたしはただ、歴史家たちの注意をひいた問題関心をいささか乱暴なかたちで指摘したにすぎなかったのである。

カール・マルクスは、歴史的著作を（言葉のせまい、ほとんど大学で用いられるような意味での歴史的著作。というのは、『資本論』は資本の歴史として考えられなければならないから）、厳密に彼と同時代の諸事件、すなわち、一八四八年の諸革命とパリ・コンミューンについてしか残さなかった。例外はただ一つしかない。それはフリードリヒ・エンゲルスの仕事（わたしはこの研究を通じて彼とマルクスを区別しないつもりである）であって、われわれは彼に一八五〇年に出た『農民戦争』（*La guerre des paysans*）を負うている。しかし、ただちにつぎのことを、すなわち、カール・マルクスは国民公会の歴史を書く意図をもっていたことを想起することが重要である。われわれはこれについて、アルノルト・ルーゲ（Arnold Ruge）の証言をもっている。すなわち、つづけて同時期に、しかもすべてパリから出され、それだけにルーゲが当時マルクスにたいしてかなり批判的であったことを証明している三通の手紙がそれである。一八四四年五月一五日に、ルーゲはフォイエルバッハ（Feuerbach）につぎのように書いている。「マルクスは、国民公会の歴史を書きたがっている。彼はこの目的のために、必要な資料を集めたし、新しい非常に豊かな考えをもつにいたった。彼は、ふたたび『ヘーゲル法哲学』（*Philosophie du Droit de Hegel*）の批判を放棄し、パリ滞在を国民公会に関するこの著作を書くために利用することを望んでいるが、それは完全に正しいことである。」一八四四年七月九日には、フライシャー（Fleischer）宛のルーゲのもう一通の書簡がつぎのように述べている。「彼（マルクス）は、一編の政治論を書こうと計画していたが、不幸にも彼はまだそれを書いていない。つづいて彼は、国民公会の歴史を書くことを望み、この目的のために非常に多くのものを読んだ。今では彼は、この計画をふたたび放棄したようにみえる。」一八四四年八月二八日に、アルノルト・ルーゲはドゥンカー（Dunker）につぎのように書いている。「マルクスは、共産主義者の観点からヘーゲルの自然法を批判し、ついで国民公会の歴史を書き、最後にすべての社会主義者の批判を書こうと望んでいた。彼は、つねに最近に読んだものにもとづいて書こうとしており、たえず読書をつづけ、その新しい抜粋をつくっている。わたしはいまでも、読んだもののすべてをつめこむようなあまり抽象的でない非常な大著を彼が書く可能性がある、と信じている。[11]」

（11）ルーゲ－マルクスの関係については、E・ボッティジェリ『独仏年誌』を、また、フランスの世論については、『パンセ』第一一〇号、一九六三年八月、四九－六六頁参照。ルーゲの手紙は、オーギュスト・コルニュの翻訳、前掲書第三巻、一〇－一一頁から引用する。

実際マルクスは、国民公会にとりつかれていた。わたしがやがて立戻るであろう一つの論文――それは明らかにルーゲの手紙と同じ時期（一八四四年八月七日および一〇日）にパリの『フォールヴェルツ』（*Vorwärts*）によって発表された――において、マルクスは国民公会について、それは「政治的エネルギーと政治的権力と政治的理解力の極限をあらわしていた」といっている。[12] しかしマルクスは、それ以外のことにとらわれていて国民公会の歴史を書く時間をもたなかった。のちにみるように、彼はこの歴史のための資料を集めていたのであった。

（12）『フォールヴェルツ』（*Vorwärts*）パリ、一八四四年八月七日および一〇日付け所収「論文『プロイセン王と一プロイセン人による社会改革』にたいする余白ノート」(Notes marginales sur l'article《le roi de Prusse et la réforme sociale par un Prussien》)。この論文は、コスト版『カール・マルクス全集』(*Œuvres complètes de Karl Marx*, Ed. Costes)(『哲学著作集』(*Œuvres philosophiques*) 第五巻、一九三七年、二一三—二四四頁〔邦訳、大月書店版(以下同じ)『マルクス・エンゲルス全集』(以下単に『全集』と略記)第一巻、四二九—四四六頁〕)のなかに翻訳された。問題の「プロイセン人」とはアルノルト・ルーゲのことである。

かくして、われわれの仕事は困難である。われわれは、理論的著書、状況に応じて書かれた諸論文、宣言、論争、書簡、未完の著作、草稿、読書ノートから成る厖大な量のなかから、ばらばらで大抵はつながりがなく何の体系的性質ももたない言葉をさがし出さなければならない[13]。われわれはいわば、マルクスがかたちにはまとめなかったこのフランス革命論を再構成しなければならないのである。多くのテキストが失われた——われわれに教えてくれることができる多くの同時代者たちの証言もまた。われわれはまた、あれこれの暗示的な言葉に、恐らくそれがマルクスにとってもたなかったような重要性を与える危険があることも知っている。他方、引用の羅列はひとを退屈させる。だが、そうする以外どうしようもないのである。

(13)『ルヴュ・ソシアリスト』(*Revue socialiste*)(一九五〇年一—二月、八五—九三頁)所収のヘルムート・ヒルシュ（Helmut Hirsch）の論文「マルクスのナポレオン論」（Marx sur Napoléon）のなかに、ナポレオンについての若干の関説を見出すことができる、著者は正当にも、「マルクスの書きもののなかに散見される断片（membra disjecta）」について語っている。

この研究は、二つの部分を含むであろう。

第一部においてわれわれは、マルクスがフランス革命を識り研究した方法についてわれわれが研究の現状において知っているところのものを問題にするであろう。

第二部においてわれわれは、フランス革命についてのこの認識が、唯物論的・弁証法的歴史観の構築にたいして、そしてより一般的にはマルクス主義学説にたいして、どの点で寄与したかを示そうと試みるであろう。

目次

まえがき
第一部 …… 1
第一章 5
第二章 19
第三章 43
第二部 …… 51
第四章 53
第五章 85
終 章 103
解 題 渡辺 恭彦 107
あとがき――畏友渡辺恭彦君への哀惜の想いを込めて 吉原 泰助 122

・注はすべて原注。ただし、原著では通し番号で頁末にまとめて掲載してあるが、各章ごとの番号とし、段落ごとに掲載した。
・原文は行をあけて内容を区切っており、章立てされていないが、読みやすくするため、まえがきから終章まで六つの章に分けた。
・〔 〕は訳者による補足。

第一部

第一部をはじめるにあたって、一見平凡ではあるがしかしちょっと注意をとめるに価する一つの考えが心にうかんできた。マルクスは一八一八年に生まれた。一七九四年に二五歳であった者は、やっと五〇歳位になったところであった。要するに、もしそのことによっても革命の結果が違ったようには決しなかったとするならば、サン・ジュスト（Saint-Just）は一八一八年には五一歳にすぎなかったであろう。だが、闘いのさなかに消えていったひとびとをなぜ呼び起すのか。『平等のための陰謀』（*La Conspiration pour l'Égalite*）が一八二八年に現われる。そして、ブオナロッチ（Buonarroti）が一八三七年九月一六日に死ぬとき、青年カール・マルクスはすでにベルリン大学での学生としての最初の年を終えていた。このことからつぎのことがいえる。すなわち、もしわれわれがマルクスがフランス革命に関する資料について行なった研究にふさわしいほどに熱心になるならば、歴史家はこの情報源だけに頼ることはできない、と。マルクスは、革命の諸事件にきわめて近い世代に属している。生き残りのひとびとがいる。それは、想い出や回想録が出版される偉大な時代なのである。

歴史の文脈はフランス革命に支配されている。ドイツ、ましてやフランスにおいては、意識的あるいは無意識的に（なぜなら、きわめて物質的な利害が問題になるから）、すべてのひとがなおフランス革命とのかかわりのなかで生きている。あるひとはそれを非難し、あるひとはそれが宣言した諸原理に満足し、あるひとはそれをのり越えようと望んでいる。しかし、問題になるのはつねにフランス革命なのである。炎が輝き燃えて噴き出すためには、灰を長くかきたてる必要はない。

以上の理由からわれわれは、マルクスと一七八九年の革命との出会いのタイプ、正確には三つのタイプとわたしがよぶところのものを区別する。わたしは、それらのタイプのそれぞれについて問題を究めつくそうというのではなく、より正確にいうならば、すでに得られた結果を考慮しつつ若干の研究の方向を示そうというのである。

第一章

マルクスがフランス革命と接触するのは、まず第一のタイプの出会い、すなわち、その青年時代の地理的、家庭的ならびに知的環境においてである。ラインラントの地理的環境については、J・ドロの『フランスライン住民の政治・道徳思想』（*La Pensée politique et morale des Cisrhénans*）に関する学位論文を読めば、トリールの自由な環境を一層よく理解できる。この時代のラインラントについてのわれわれの見解は、バレス（Barrès）のある文献から大いに影響をうけていた。(1) 第一次世界大戦中に構想され出版されたフィリップ・サニャック（Philippe Sagnac）の有名な著書『フランス革命ならびに帝政下のフランスライン地方』（*Le Rhin Français sous la Révolution et l'Empire*）(2) は、大戦の刻印をとどめている。だが一つの事実が得られている。すなわち、このライン沿岸地方は、フランス革命ならびに帝政によって、その経済的、社会的および政治的機構が根底からくつがえされたのであった。(3) そこには、ドイツの他の地方以上にフランス革命が存在しつづけていた。

（1）とくに、ジュリアン・ロヴェール『ナポレオン時代のドイツにおけるフランスの遺物』(Julien Rovère, *Les survivances françaises dans l'Allemagne napoléonienne*)（一九一七年）およびモリス・バレス『ラインの精神』(*Le génie du Rhin*)（一九二一年）を参照。

（2）この著書は一九一七年に出た。

（3）ヘーゲル自身もまたその『歴史哲学』のなかで、フランス革命がドイツにおいておよぼした影響についてつぎのように強調している。すなわち、フランス革命は宗主国のあいだで考え出されたローマ・ゲルマン的神聖ローマ帝国の幻想を消滅させた。自由、財産および人格の諸原理が基本的原理となった。すべての市民が国家のなかで職務につくことができた、と。

ラインランドは、（一七九二年および一七九四年の八ヵ月にわたる占領を除けば）一七九四年から一八一四年の二〇年間、フランスの支配のもとで生きてきた。フランス人が去って四年後にマルクスが生まれたトリールは、フランスザール県の主邑となっていた。確かに少数ではあったがそれにもかかわらず、フランスジャコバン党員たちが都市の環境に影響を与えてきていた。それに、とりわけ領主制度が破壊されていた。彼自身バルメンの出身であるエンゲルスは、一八五一年につぎのように書いている。「小自由農民は、封建制度がフランス大革命の強力な打撃によってくずれ去ったライン州で優勢であった。[4]」と。J・ドロは、ドイツでの資料のなかから、きわめて特徴的な、それが一八三六年のものであるだけにわたしの考えでは有益な、一つの証言を引用しているが、それは、ライン州長官ボーデルシュヴィンク（Bodelschwing）の内務大臣フォン・ロショフ（von Rochow）宛の書簡である。「つぎのことはわたしたちに知られていません。――と、このライン州高官は述べている――すなわち、政治論争に興味をもつこの州の住民の大多数は、封建的諸権利ならびにあらゆる種類の特権の廃止、すべての階級の平等の原理の宣言といったフランス革命の諸成果を大きな恩恵と考えていますし、旧態に復帰させる恐れのあるすべての政府の法令を限りない猜疑の目でみています。[5]」旧態！　これこそ、ラインランドにおける議論のなかでたえず繰返される言葉であり、またそれは、マルクスの初期の書きものにも見出されるであろう。事実、一八三〇年のフランス革命は、ある程度一七八九年の精神をラインランドによみがえらせたのである。それはあたかも、ラインランドのひとびとの心にフランス革命の思い出をふたたび投じた一種のスプリングボードであった。[6]もちろん、ラインランドの産業の発展を忘れてはならない。[7]だがわれわれは、一七八九年の革命の影響だけに限定しなければならない。

（4）『ドイツにおけるブルジョア民主主義革命』（*La Révolution démocratique-bourgeoise en Allemagne*）エディション・ソシアル（パリ、一九五一年、二一〇頁〔邦訳「ドイツにおける革命と反革命」『全集』第八巻、一一頁〕）。同じくエンゲルス「ドイツ国憲法戦役」（*La campagne pour la constitution du Reich*）（一八五〇年三—四月〔一—三月の誤り〕）参照。「ラインプロイセンは、ルクセンブルク、ラインヘッセン、プファルツとともに、一七九五年以来フランス革命を体験し、さらにナポレオン支配下で、この革命の成果が社会的、行政的、立法的に確立される過程をともにしたという有利な点をもっている。……この二世代のあいだ、ライン左岸はもはや封建制度を知らない。貴族はその特権を奪われ、土地所有は、貴族と教会の手から農民の手に移った。土地は分割され、農民はフランスにおけると同様に、自由な土地所有者となった。都市では、自由競争のまえに、同職組合と都市貴族の家父長制的支配とが、ドイツの他のどの地方よりも百年はやく消えてなくなった。最後にナポレオン法典が、革命的諸制度全体の総まとめとして、新秩序全体を確認した。」（『ドイツにおけるブルジョア民主主義革命』〔所収「ドイツ国憲法戦役」〕一一九—一二〇頁〔邦訳『全集』第七巻、一一一—一一二頁〕）。簡潔な記述である。もっとも、マルクスおよびエンゲルスを通じてラインプロイセンの研究を行なうことが問題ではなく、資料や文章を集めることによって、マルクスおよびエンゲルスがいかにフランス革命とナポレオン軍のライン地方——それはナポレオン軍誕生の地であった——席捲によって影響をうけたかを示すことが問題となろう。また、ジャック・ドロならびにピエール・エコベリ「三月革命前ドイツにおける社会構造とイデオロギーの諸潮流、一八三五—一八四七年」（Pierre Ayçoberry, Structures sociales et courants idéologiques dans l'Allemagne pré-révolutionnaire, 1835-1847）『年誌』（*Annales*）ジャンジャコモ・フェルトリネッリ研究所、ミラノ、一九六四年、一六四—二三六頁を参照。

（5）J・ドロ『ライン沿岸の自由主義』（J. Droz, *Le libéralisme rhénan*）一〇三頁。

（6）ドロは、一八三〇年のフランス革命後におけるナポレオンの伝統の覚醒を挙げている。一八三九年の警察の報告書は、ライト（Rheydt）およびヴィエルセン（Viersen）の機織業者やアールヴァイラー地方（l'Ahrweiler）のブドウ栽培業者のあいだにおけるナポレオンを賛える運動を特筆している（前掲書、一五九—一九九頁）。

（7）「ラインプロイセンは、フランス人によって革命化されたドイツの他の諸地方にたいしては、工業をもっている点でまさっており、ドイツの他の工業地帯（ザクセンやシュレージェン）にたいしては、フランス革命をとおってきた点でまさっている。」（『ドイツにおけるブルジョア民主主義革命』所収「ドイツ国憲法戦役」一二一頁。邦訳『全集』第七巻、一一三頁）。

ドイツに存在していたフランス革命は、マルクスの家庭のなかにもまた生きていた。彼の父ハインリヒ（Heinrich）は自由主義者であった。彼は、一八三四年一月一二日のトリールのカジノの有名な宴会に参加した。彼は恐らく、その乾杯の際、多くの尊敬をこめて既存の当局のために敬意を表した。しかしそれにもかかわらず彼は、その宴会に出席していた役人の報告書には、革命歌を大声で歌ったように記されている。いずれにしてもマルクスは、早くから父の指導のもとに一八世紀のフランスの作家を知ることを学んだ。マルクスの娘のエレアノール（Eléanor）は、彼女の父方の祖父について、彼は一八世紀の「真のフランス人であった」し、彼は「自分のヴォルテール

をそらんじていた」と、われわれに語っている。(8)

（8）『マルクスおよびエンゲルスの想い出』外国語版、モスクワ、日付けなし、一三五頁。

フランス革命は、マルクスが一八三〇年から一八三五年まで生徒であったトリールの高等中学にも存在していた。彼の先生たちのうちすくなくとも三人が、「フランス的精神」に、すなわち、一八三〇年に再現したようなフランス革命の精神にかぶれているという評判をとっている。これからといったところのカント主義者で校長のJ・H・ヴィッテンバッハ（J. H. Wyttenbach）、トリールのカジノの自由主義的事件にまきこまれたシュタイニガー（Steiniger）およびシュネーマン（Schneemann）の三人である。

ベルリン大学（彼はそこに一八三六年一〇月に入学する）においても同様に、先生たちのいく人かは革命的フランスを真に崇拝しつつ生活していた。わたしはとくに、マルクスが一八三六年から一八三七年の冬学期のあいだに「大変熱心に」その講義に出席した法学の教授エドゥアール・ガンス（Eduard Gans）を考えている。彼はヘーゲルの弟子で、その『歴史哲学講義』（*Les leçons sur la Philosophie de l'Histoire*）を刊行した。ガンスがフランス革命に与えた賛嘆についてわれわれは一つのいなみ難い証言をもっているが、それはきわめて保守的なサン＝マルク・ジラルダン（Saint-Marc Girardin）の証言である。ガンスの友人であったサン＝マルク・ジラルダンは、一八四五年に、『中世フランスにおける相続権の歴史』（*Histoire du Droit de Succession en France, au moyen-âge*）に関するガンスの著書のフランス語訳に解説文を書いた。非常に若くして（一八三九年に）死んだガンスは、一八二五年、一八三〇年、一八三五年および一八三七年の四回パリにきたことがあった。最初の滞在のとき彼は、一七八九年の革命の想い出を実地に学んでいった。[9] 彼の案内役をしたのはヴィクトール・クーザン（Victor Cousin）であったことを、皮肉なしにいっておこう。一八三五年の旅行のときにはガンスは失望した。サン＝マルク・ジラルダンがいくらか遠慮しながら書いているように、明らかに「われわれは暴動を抑圧し国内の繁栄を発展させようと努めていた」[10]のである。しかし、サン＝マルク・ジラルダンが一八三〇年五月にガンスと交わし彼が伝えているところの会話から、わたしはわれわれの主題に関し二つの言葉を書きとめておく。最初の言葉はかなりありふれているが、それでもやはり特徴のある言葉である。「フランス革命は、キリスト教以後の諸民族統合の最も偉大な時代であった。なぜならそれは、社会的ならびに政治的自由の原理を宣言したからである。[11]」事実、マルクスおよびエンゲルスが偉大な革命について語るとき、一七八九年が問題になっていることは断じて疑いのないところである。ここに、さらに意義深いガンスのもう一つの言葉がある。というのは、それはフランス革命の意義そのものにふれているからである。彼は、革命戦争を論じながらつぎのように述べている。「それは、攻囲戦であり、戦闘であり、条約であり、領土の変更である。それらはまさにあらゆる戦争の中味である。しかしもしわれわれがその〔革命戦争の〕原因と結末を考えるならば、それはまったく特殊な性格をもっている。その結末はまったく政治的である。それは世論の闘いであり……、まったく政治的な戦争であって、新旧両制度のあいだの戦闘なのである。[12]」もう一つの会話のなかでガンスは、自分自身について語りながら大部分のドイツの自由主義者のそれであった一つの態度をつぎのように定義している。「子供のとき、――と、彼は告白していた――わたしはベルリンでナポレオンをみたことがあった。戦後、戦いのあとまで残った恨みにもかかわらず、世界で主導権を握っているのは敗れたりとはいえなおフランスであると確信していたので、フランスは依然としてわたしの心をひきつけるのをやめなかった。[13]」

（9）エドゥアール・ガンス『中世フランスにおける相続権の歴史。サン＝マルク・ジラルダン氏の解説付き』（Eduard Gans, *Histoire du Droit de succession en France au Moyen Age, avec une notice de M. Saint-Marc Girardin*）パリ、一八四五年、六頁。「わたしはけっして、――と、ガンスはいっていた――これ以上になまなましくまたこれ以上に深い歴史の教訓を受けたことがなかった。」

（10）ガンス前掲書、二五頁。

（11）ガンス前掲書、一五頁。

（12）ガンス前掲書、一六頁。

（13）ガンス前掲書、一六頁。フランス革命に関するガンスの態度についてのもう一つの証言が、一八三八年から一八四〇年にかけてベルリンで学生であったリンク（Max Ring）によって与えられている。彼は、学部の最も大きな階段式の講堂さえもガンスの講義におしかけた多数の学生を収容することができなかった、と記している。また、ガンスの助手《アパリトゥール》の老ファイゲ（Feige）は、ある日学生に向って、「今学期はわれわれはフランス革命についての講義を行なう予定であるが、それは大評判になるであろう」と言明した、と彼は伝えている（マックス・リンク『回想録』（*Erinnerungen*）ベルリン、一八九八年、一二八頁）。

この第一の出会いに属するものとしてはさらに、基本的なもの、すなわちヘーゲル哲学を想起しなければならないであろう。周知のようにヘーゲルは、一七八九年にはチュービンゲン大学の神学課程に所属する神学の学生であり、バスチーユ奪取のときには大変な熱狂ぶりを示したが、このことは、外国へのフランス革命の影響を例証しているエピナール（Epinal）の描写の一部をなしている。ヘーゲルが「自由」の木を移植したのだとひとびとは論じ、それ以上に詳しいことはどうでもよかったのである。わたしはまた追憶として、カントとりわけフィヒテにたいするフランス革命の影響を想い起す。なぜなら、それは青年マルクスにしみこんだ〔精神的〕風土の一部をなしているからである。だがヘーゲルに限ってみるならば、彼の政治思想の変遷がどんなであったにせよ、彼はフランス革命にたいする賛嘆の念を失わなかったのである。(14) 彼の『歴史哲学講義』の最後にあるつぎの箇所はよく知られている。彼は書いている——「権利の思想、権利の概念がどっと一度に立ち上ることになったが、これに対して古い不正の陣営は何の抵抗もできなかった。……太陽が蒼空に位し、星辰がこれを巡って運行するようになって以来幾久しいが、人間が……思想の上に立ち思想に基づいて現実界を築き上げるようになろうとは、全くわれわれの夢想だにしないところであった。……これは輝かしい日の出であった。思惟をもつ限りのすべての者は共に、この新紀元を祝った。崇高な感激がこの時代を支配し、精神の熱狂は、あたかも神的なものと世界との実際の宥和がここにはじめて成就されたかのように、世界を震撼させたのであった。(15)」〔邦訳、武市健人訳『歴史哲学』岩波文庫〈下〉、一九一—一九二頁。〕

（14）もちろんわたしには、ヘーゲルにたいするフランス革命の影響の問題に取組んだり、いわんやたとえおおまかにではあれ、フランス革命のヘーゲル的解釈を検討するつもりはない。ヨアヒム・リッター（Joachim Ritter）の書誌学的研究『ヘーゲルとフランス革命』（*Hegel und die französische Revolution*）を参照。また、L・D・ロスカ『ヘーゲルのフランスブルジョア革命論（一七八九—一七九四年）』（L. D. Rosca, Hegel sur la Révolution bourgeoise de France (1789-1794)）、『新歴史学研究』（*Nouvelles Études d'histoire*）（歴史学会第一二回大会の際に刊行）ブカレスト、一九六五年、四五九—四七五頁を参照。

（15）カール・マルクスは『ドイツ・イデオロギー』のなかで、何度もフランス革命のヘーゲル的解釈、すなわち、フランス革命の「理想主義的」解釈にふれているが、カール・マルクスはそれを、一八四五年以降『聖家族』のなかで論駁することになるであろう。

ドイツにおけるフランス革命の存在およびそれが青年マルクスにおよぼした影響については、なお多くのことをいわなければならないであろう。行なわなければならない研究も多くあるであろう。グッコウ（Gutzkow）[16]を想い起し、ルイス・ベルネ（Louis Börne）を検討し、この問題については、一九五二年にヨゼフ・ドレシュ（Joseph Dresch）によって刊行された『フランス革命の歴史と人間に関する研究』（*Études sur l'histoire et les hommes de la Révolution française*）と題する彼の草稿をふたたびとりあげなければならないであろう。エンゲルスはベルネの『パリ便り』（*Lettres de Paris*）を感激して読み、一八三九年には彼はそこに「自由と権利のための偉大な闘士[17]」をみていた。同様に、モーゼス・ヘス（Moses Hess）の影響を思い出すのがよかろう。この左派ヘーゲル主義者はパリに滞在していた。彼は、フランスの社会主義者や共産主義者たちの理論を知っていた。彼の二つの著作『スピノザの弟子によって書かれた人類の聖史』（*L'histoire sacrée de l'humanité par un disciple de Spinoza*）（一八三七年）および『ヨーロッパ・トリアルヒー』（*La triéarchie européenne*）（一八四一年）においては、フランス革命が主要なテーマとなっている。そこにはエンゲルスがやがてふたたびとりあげるつぎのような思想がみられるが、しかし彼はその思想を、彼の世界史像の総枠のなかに位置づけることによってとりあげるのである。「宗教改革が宗教にたいしてもっていた関係とフランス革命が習俗にたいしてもっていた関係とは同じである。宗教改革は単に精神を教会から解放しただけであるが、フランス革命はさらに一歩をすすめ習俗をも解放した。[18]」ともあれヘスは、ドイツへのバブーフの思想の浸透に決定的な役割をはたした。われわれはこのバブーフ主義を、一八三〇年ののちヘッセンの農民を蜂起させようと企てたビュヒナー（Büchner）のうちにもまた見出すであろう〔訳注：ビュヒナーについては森田勉『初期社会主義思想の形成』（新評

論、一九七三年五月〕第一部参照〕。ベルネおよびビュヒナーの政治的生成について研究してみると、バブーフ主義がドイツに浸透するのはドイツ人亡命者たちが頻繁に出入していたパリの秘密結社を介してであるようにみえる。

（16）ヨーゼフ・ドレッシュ『グッコウと青年ドイツ派』(Joseph Dresch, *Gutzkow et la jeune Allemagne*) パリ、一九〇四年を参照。

（17）オーギュスト・コルニュ、前掲書、第一巻、二一九頁に引用。

（18）オーギュスト・コルニュ、前掲書、第一巻、二四〇頁に引用。また、オーギュスト・コルニュ『モーゼス〔・ヘス〕とヘーゲル左派』(*Moses et la Gauche Hégélienne*) パリ、一九三四年を参照。

ジャック・ドロはまたつい最近、一八三〇年代のドイツロマンティシズムの保守的すなわち反動的性格を想い起させた。[19] しかしながら、若きマルクスや若きエンゲルスには、革命肯定的ロマンティシズム、情熱と感受性のロマンティシズム、支配的保守主義への反対からときには挑戦的なかたちでフランス革命にひかれるロマンティシズムがみられるのである。とくに、コルニュの指摘する山岳党にたいするあの熱狂を分析しなければならない。この熱狂は、一八四一年頃にはいく人かの青年ヘーゲル主義者たちの心をとらえ、アルノルト・ルーゲが一八四一年九月八日の手紙のなかで、

B・バウア（B. Bauer）、カール・マルクス、クリスチアンセン（Christiansen）、およびフォイエルバッハ（Feuerbach）が「新たな山岳党をつくっている[20]」と嘆くとき、彼は暗にこの熱狂をさしているのである。わたしはまた、一八四二年に若きエンゲルスによって書かれたあの英雄的で喜劇的な叙事詩「厚かましくも威されたが奇しくも救われた聖書、別書、信仰の勝利」（*La Bible insolemment menacée et miraculeusement sauvée ou le Triomphe de la Foi*）を思う。そこには、オスヴァルト（フリードリヒ・エンゲルスの偽名）のつぎのような描写がみられる。「生粋の革命的山岳党員オスヴァルト、彼の奏でるただひとつの楽器、それは、ギロチンだ。それで伴奏するのはいつも同じ諷唱曲、響くのはおきまりの地獄の唄、大声でうなるのは次の折返《リフレーン》しだ、組め隊伍を！とれ武器を！[21]」

（19）『ドイツにおける政治的ロマンティシズム』（*Le romantisme politique en Allemagne*, textes choisis et présen- tés par J. Droz）J・ドロ編の選集、パリ、一九六五年。
（20）オーギュスト・コルニュ、前掲書、第一巻、二七二頁に引用。
（21）*MEGA*, 第一部第二巻、二六八頁〔邦訳『全集』第四一巻、三二三―三二四頁〕。

第二章

マルクスとフランス革命との第二の出会いは、〔第一の出会いとは〕違ったかたちで起こる。それは、マルクスがフランス革命に関する資料と歴史記述について行なう認識である。しかし、第一の出会いから第二の出会いへの移行はまったく自然に行なわれる。マルクスはその途上においてさらに、フランス革命や彼をこの時代において自由主義から民主主義へ、ついで民主主義から共産主義へと導く道、また、彼を絶対理念の化身というまったくヘーゲル的な国家観から支配的な諸階級の利害の表現としての国家論へと導く道、最後に、人間の存在の物質的諸条件の変化のうちに歴史の運動の（究極的に）決定的な説明を発見させるにいたる道と出会わないわけにはいかない。

それゆえカール・マルクスは、やがてフランス革命のより深い研究へと立ち向う。というのは、彼の考察はつねに、歴史が彼に提供する資料やとくに偉大な革命の経験の歴史について行なわれたからである。われわれは、この第二の出会いの検討のために、多くの、そのうえ重要性の非常に異った資料を利用することにする。

まず第一に、アムステルダム国際社会史研究所に保管されているマルクスの研究ノートがある。わたしは、それらのうち少なくともフランス革命に関するものは、いわゆるメガ版[1]（一八四〇―一八四七年の時期について）とマクシミリアン・リュベル（Maximilien Rubel）[2]にしたがって研究する。

（1）『カール・マルクス＝フリードリヒ・エンゲルス、歴史的・批判的全集、著書、論文、書簡』（*Karl Marx-Friedrich Engels, Historisch-kritische Gesamtausgabe. Werke. Schriften. Briefe.*）

（2）『国際社会史評論』（*International Review of social History*）『ルヴュ・ソシアリスト』（*Revue socialiste*）所載「読書家マルクス」（Marx lecteur）（一九四六年一一月）および『国際社会史評論』（*International Review of social History*）所載「カール・マルクスの研究ノート」（一九五七年第三号）を参照。

二つの系列のノート、すなわち、クロイツナッハノートおよびパリノートがとくに充実している。

まず、いわゆるクロイツナッハ時代のノートを検討しよう。[3]時は一八四三年である。すなわち、結婚したばかりのマルクスは、その夏をイェニー・フォン・ウェストファーレン（Jenny von Westphalen）が母と一緒に住んでいたウェストファリアのクロイツナッハですごす。これに先立つ系列のいわゆるボンノート（一八四二年）がマルクスの主要な関心事として宗教と美学の問題を示しているのにたいし、クロイツナッハの系列は純粋に歴史に関するものである。マルクスが註釈をつけた著作のうちから、わたしはつぎのものを、すなわち、一八〇二年から一八〇四年にかけてライプチッヒで出され皇帝アレクサンドル一世に献呈された三巻本のハインリッヒ著『フランス史』を挙げる。(4) マルクスのノートは、第二巻の二〇八頁で、すなわち一六世紀でとまっている。わたしには、これらのノートの詳細な研究が不可欠であるように思われる。というのは、いまやマルクスの思想の批判的な研究を試みなければならないときが、もっと正確にいうならば、マルクスがいかに研究したかを問いマルクスの資料と作品の時間をかけた比較検討を行なわなければならないときがきたように思われるからである。かくしてはじめてわれわれは、内側からマルクスの研究方法と彼の思想の歩みを洞察することができるであろう。マルクスは、G・ハインリッヒの著作にもとづいて、紀元前六〇〇年から一五八九年にいたる八〇頁から成る年表をつくりあげた。カール・マルクスが参照したその他の著作のなかでは、一八三三年に公刊され『最近五〇年史』と題する歴史叢書《シリーズ》の一部をなすカール・フリードリヒ・エルンスト・ルートヴィヒ（Carl Friedrich Ernst Ludwig）の『フランス革命史』(5)が注目される。マルクスはまた、シャルル・ラクルテル（Charles Lacretelle）の『王政復古以後のフランス史』（*Histoire de France depuis la Restauration*）(6)を読んだ。マルクスはまた、J・Ch・バイユール（J. Ch. Bailleul）の著書『フランス革命の主要事件についての考察という標題をもつスタール男爵夫人の遺著の批判的検討』（*Examen critique de l'ouvrage posthume de Mme la Baronne de Staël, ayant pour titre : Considérations sur les principaux événements de la Révolution française*）(7)に注目した。バイユールは、セーヌ・アンフェリュール県から国民公会に選ばれた元議員で、平原党《ラ・プレーヌ》のメンバーであり、むしろジロンド党員たちに心をよせていた。マルクスはバイユールの著書からつぎの一節を写しとっているが、それはわれわれに彼の思想の歩みを明らかにしている。

（3）全体で二五五頁で、二四の著作の抜粋を含み、五つのノートに分かれている。残念なことに、*MEGA*版（第一部第一〇二巻）は、これらのノートを完全なかたちで再録していない。*MEGA*版は、参照された著作の標題、その著者名、マルクスのとったノートの大きさおよび若干の評註しか載せていない。

（4）Chr・C・ハインリヒ『フランス史』（Chr. C. Heinrich, *Geschichte von Frankreich*）、三巻（ライプツィヒ、一八〇二―一八〇四年）〔B.N., 8°L35 157〕。

（5）カール・フリードリヒ・エルンスト・ルートヴィヒ『最近五〇年史』（Carl Friedrich Ernst Ludwig, *Geschichte des letzten fünfzig*)、第二巻『名士会の召集から恐怖政治の崩壊にいたるまでのフランス革命史』(*Geschichte des französichen Revolution v.d. Berufung der Notabeln bis z. Sturz der Schreckensregierung*)(アルトーナ、ハンメリヒ、一八三三年)。〔パリの〕ビブリオテーク・ナショナルには、この著作の第五部しかない(G12613)。この第五部には一八三七年の日付けがあり、一八〇四―一八一四年の時期にわたっている。マルクスは、それについては何の言及も行なっていない。マルクスが読んだ第二部に関しては、彼は、八月四日の夜とアッシニャの発行(一方における私有財産不滅の性質の宣言と他方におけるまさにこの私有財産の犠牲とのあいだの矛盾)に関心を示した。

(6)シャルル・ラクルテル『王政復古以後のフランス史』(Charles Lacretelle, *Histoire de France depuis la Restauration*)三巻(シュトゥットガルト、ホフマン)。問題にされているのは、Ch・ラクルテルが一八二九年から一八五五年にかけてパリで(四巻本のかたちで)公刊した『王政復古以後のフランス史』のドイツ語訳である。カール・マルクスのとった若干のノートは、ギリシャの反乱だけに関したものである。

(7)J・Ch・バイユールの著書は、一八一八年にパリで(二巻本で)出た。

「財産はもはや、ひとびとが社会の道徳的位階のなかにおかれている位置の指標としてしか考えられてはならない。それゆえひとが権利をもつのは、彼が所有するからではなく、彼が所有するものによってであろう。そしてひとは、彼が所有するものによって、ある種の権利を享受しある種の政治的職務をはたすに必要な知性と教育と道徳性を有するものと判断されるのである。かくして財産は、それしかもたない者にとっては、資格であり証拠である。」

マルクスは、ハンブルクで編集された『ヨーロッパ諸国家の歴史』（*Histoire des Etats européens*）という標題をもつ叢書を検討している。彼はとくに、一八三五年に出たエルンスト・アレクサンダー・シュミット（Ernst Alexander Schmidt）の『フランス史』（*Histoire de France*）の第一巻とウィルヘルム・ヴァクスムート（Wilhelm Wachsmuth）の『革命期フランス史』（*Histoire de la France au temps de la Révolution*）の第二巻についてノートをとっている。

（8）エルンスト・アレクサンダー・シュミット『フランス史』（『ヨーロッパ諸国家の歴史』、A・H・L・ヘーレンおよびF・A・ウケルト編）（Ernst Alexander Schmidt, *Geschichte von Frankreich* (*Geschichte der europaïschen Staaten.* Hg. von A.H.L. Heeren und F.A. Ukert)）四巻、ハンブルク、ペルテス、一八三五―一八四八年（B.N. 8°G24）。マルクスは、この時期には第一巻だけしか利用できなかった。

（9）ウィルヘルム・ヴァクスムート『革命期フランス史』（『ヨーロッパ諸国の歴史』）（Wilhelm Wachsmuth, *Geschichte Frankreichs im Revolutionzeitalter* (*Geschichte der europaïschen Staaten*)）。カール・マルクスは、とくにエベール派の農業法制定のためのキャンペーンや食糧危機に由来する暴動や社会的平等にたいするヴェルニオー（Vergniaud）の敵意に関する部分を書きとめている。ロベスピエールの権利の宣言への言及。さらにまた、ロベスピエールの未刊の草稿およびそれらのうち彼がブルジョアジーに反対してサン・キュロットたちに危機がどこに由来するかを訴えなければならなかったといわれる部分への言及。マルクスは六六の抜粋をつくり、一一七の著作から成るリストを作成した（MEGA, 第一巻1／2、一二七頁）。カール・カウツキーもまた、その著『フランスにおける階級闘争』（*La lutte des classes en France*）九四頁においてヴァクスムートに言及している。

わたしはまた、われわれが一七八九年の革命に関するマルクスの研究に関心を向けるよう注意を喚起するが、しかしわたしとしては〔マルクスが参照した〕つぎの文献を列挙することしかできない。すなわち、レオポルト・ランケ（Leopold Ranke）編の歴史学研究雑誌のある号、[10] 一八三一年のシャトーブリアン（Chateaubriand）版『社会契約論』（*Le contrat Social*）および『法の精神』（*L'Esprit des Lois*）、『フランス七月革命の三日間』（*Les Journées de Juillet en France*）についてのランツィツォッレ（Lancizolle）の著作等である。[11]

（10）レオポルト・ランケ編『歴史的・政治的雑誌』（*Historisch-politische Zeitschrift*, H.g.von Léopold Ranke）ハンブルク、ペルテス、一八三二—一八三六年（*B.N.*, G 28 001-28 002）。つぎの諸論文を掲載している号——L・ランケ『フランスの王政復古について』（L.Ranke, *Über die Restauration in Frankreich*）（追放から帰還したナポレオンはフランス革命のあいだに創設された所有関係を擁護する）、L・ランケ『ドイツとフランス』（L.Ranke, *Deutschland und Frankreich*）、L・ランケ

『一八三〇年の憲章についての一所見』(L.Ranke, *Eine Bemerkung über die Charte von 1830*)(一八三〇年の憲章と帝国憲法の付帯条項との比較)、L・ランケ『一八三一年の最近数ヶ月におけるフランスの若干のパンフレットについて』(L.Ranke, *Über einige Französische Flug-Schriften aus den letzten Monaten des Jahres 1831*)、サヴィニ(Savigny)(マルクスがベルリンで講義を聴いた法学の教授の一人)『プロイセンの国家秩序』(*Die Preussische Staatordnung*)、L・ランケ『一八一五年の議会』(L.Ranke, *Die Kammer von 1815*)、サヴィニ『ドイツの大学の本質と価値』(Savigny, *Wesen und Wert der deutschen Universität*)、ブルンチュリ『革命の発展過程における一八三〇年のチューリッヒ州の革命』(Bluntschli, *Die Révolution des Kantons Zurich vom Jahre 1830 in Ihrer Entwicklung*)。

(11) カール・ウィルヘルム・ランツィツォッレ『七月革命の原因、性質および結果について。類似の内容の若干の諸論文を含む』(Karl Wilh. Lancizolle, *Über Ursachen, Charakter und Folgen der Julitage. Nebst einigen Aufsätzen verwandten Inhalts*)(『政治学および国法学論文叢書』第一巻(*Beitr. z. Politik u.z. Staatsrecht Sammlung I*)ベルリン、フェルディナント・デュムラー、一八三一年)。著者は、イギリスの君主政の発展とフランスでの諸事件とを対比している。

われわれは、当時カール・マルクスの関心の的になっていたものを知ることができる。というのは、彼みずから自分のノートを秩序だてるために見出し語の一覧表をつくっていたからである。たとえば、つぎのような言葉が問題にされている。すなわち、「全国三部会」、「パルルマン」、「官僚制」、「所有」、「主権」などである。彼はなによりも、事件そのものにではなく近代の国家および国民の発展に、すなわち、ブルジョアジーの本質と台頭に関心をひかれていたのである。すでに彼には、所有関係と法的・政治的諸関係とのあいだに打ちたてられる内的諸関係が問題となっている。実際それは、たぶん彼が『ヘーゲル国法論批判』(*Critique du Droit public de Hegel*) と題する草稿を書いていたときである。これらの熱心な研究は、『ヘーゲル法哲学批判 序説』(*Contribution à la critique de la philosophie du Droit de Hegel. Introduction*) と題する『独仏年誌』(*Annales franco-allemandes*) の論文のなかにも見出される。わたしは、この論文からつぎの一つの文章だけを引用しておく(しかしわたしの考えでは、その文章はマルクスの理論と一八四三年夏のノートとのあいだのつながりを明らかにしている)。「政治的世界にたいする産業の、一般には富の世界の関係が、近代の主要問題である。[12]」

(12) コスト版『全集』の訳によって引用する(『哲学著作集』第一巻、九一頁〔邦訳『全集』第一巻、四一九頁〕)。この論文は、一八四三年から一八四四年初めにかけて書かれた。

パリ時代の「抜粋ノート」は、異った性質のものである。それは、政治経済学についての考察の時期である。ところでマルクスは、——そのことは彼にアンシアン・レジームについて教育することになるのだが——『一八世紀経済学者・財政論者叢書』

(La collection *Economistes et Financiers du XVIIIe siècle*) を、とくに、ピエール・ル・ブザン・ド・ボワギュベール (Pierre Le Pesant de Boisguillebert) を検討する。だが、きわめて特徴的でかつまたマルクスが「国民公会の歴史」を書こうとした意図と関係することは、彼がルヴァスール (Levasseur) の『回想録』(*Mémoires*) について行なった部分的ではあるがかなり詳細な検討である。この『回想録』は、ルヴァスール自身によってではなく彼の監修のもとに編集されたものであるが、マルクスが著者を選んだ目は確かであった。外科医のルヴァスールは、サルト県から国民公会に選ばれた議員であった。彼は山岳党を糾合していた。彼の『回想録』の最初の二巻は、一八一九年の一〇月に出た。それらはアシール・ロッシュ (Achille Roche) によって編集されたが、彼自身一八二五年に『フランス革命史』(*Histoire de la Révolution française*) を出版した。これらの最初の二巻はまもなく起訴され、アシール・ロッシュは懲役四ヵ月と罰金一、〇〇〇フランを宣告された。それゆえ、第四巻と第五巻が一八三一年七月にしかでなかったのも理解できる。このたびのいわゆるメガ版マルクス＝エンゲルス全集(13)は、マルクスのノート帳、すなわち、びっしり字のつまった大判五頁の完全な再録をわれわれに提供している。各頁はかなり興味ある配列になっている。二列になっていて、左側にフランス語またはドイツ語の抜粋が載せられ、右側にドイツ語でいく分詳細な要約が書かれている。」マルクスのノートは、ジロンド党員と山岳党員の闘争にのみ関係している。あれこれの抜粋や若干の要約から、大胆な外挿法〔訳注—数学用語で、ある変域内のいくつかの変数値にたいして函数値が知られているときその変域外の函数値を推定する方法。ここでは、過度の推測の意〕が行なわれるのは危険であろう。とはいうものの、マルクスが問題となるとき、少なくともテキストの説明を行ないたいという誘惑に何とかられることであろう！　マルクスのノートとルヴァスールの『回想録』のテキストとの校合は、われわれのあらゆる注意に価する。抜粋箇所ならびにマルクスがみずから強調のためにイタリックにしたルヴァスールの言葉の選び方に関しては、興味ある選択がみられるからである。わたしは、二つの文章をコメントをつけずに（そうすることはムダだと思うから）引用しておく。最初のものは、八月一〇日と国民公会の召集とのあいだの過渡期に関するものである。マルクスは、ルヴァスールのつぎの言葉を抜粋している（イタリックになっている語句は明らかにマルクスが強調したものである。〔訳注—この訳では傍点を付した〕）。「八月一〇日にあらゆる権力にとって代わった蜂起は、依然としてその力を保っていた。……能動的で、自由の敵を打ち倒した（ところの）暴力。」マルクスはまた、つぎの言葉を抜粋している。「政府は、人民の結社と自治体のなかに移った。無政府性そのものの発露である即成政府のこれらの中心。」

（13）*MEGA*, 第一部第三巻、四一九—四三四頁。

マルクスが右側に書いたドイツ語とフランス語の入り混っている要約には、つぎのような文章がみられる。「他方の党（山岳党員たちのこと）は、無政府性のなかに行動の唯一の原動力を認め、その党がひきおこす熱狂のなかに堅固な組織の代替物（直訳すれば堅固な組織にとって代わりうるもの）を、国内および国外での抵抗のための唯一の力を、認める。[14]」マルクスがこの空位時代を研究するその情熱は、関心を向けるに価しないであろうか。もちろんそれは、空位時代については何物もわれわれに教えてくれないが、カール・マルクスの思想についてはわれわれに明らかにしてくれるのである。マルクスはさらに、つぎのようなルヴァスールのもう一つの文章を引用してはいないだろうか。「八月一〇日に始まった空位時代のあいだフランスに存在した唯一の力は、人民の熱情《エラン》であり、蜂起であり、無政府性であった。……残された最後の救済の手段は、それゆえ、無政府性が与える術策を利用することであり、それがひき起こす暴力を敵にたいして向けることであった。」

（14）〔ドイツ語の原文はつぎのようになっている。〕《Die andre Partei erkennt in die Anarchie das einzige mobile d'action, in dem Enthusiasmus den sie erzeugt die Ersetzung einer fesligen Organisation, die einzige Macht des Widerstandes nach aussen und rach innen……》〔*MEGA*, 第Ⅰ部第三巻、四二五頁。ブリュアの引用には綴字上の誤りがいくつかあったのでメガ版の原文と照合のうえ訂正した。〕

マルクスが熱中したもう一つの問題——国民公会の権力の性質の問題。マルクスは、この問題に関するルヴァスールの二つの文章を抜き書きしている。「国民公会の諸委員会と国民公会自身が行政のすべての部門にたずさわり、行政府の数多い頻繁な行為を政令によって行なっていた。他方市町村議会もまた、大部分の行政権を奪われていた。市民権も軍権も司法権さえも、なにひとつ完全には規正されていなかった。……何らかの職権によって市民の集会が公事を行なうために召集されるや、その集会は同時にまた、委ねられた使命とはまったく縁もゆかりもない仕事に首をつっこむのであった。……無数の事実上の権限[15]が存在していたとしても、唯一の集団的存在であった国民公会が、当然社会の一切の権力を統括ししばしばそれを行使していた。すなわち、政令によって立法府となり、委員会によって行政府となった国民公会は、さらに、告訴権を拡大するかたちで司法権を行使していた。」もう一つのつぎのような文章がある。「破壊された君主制とうちたてるべき共和制との過渡的状態として、貴族階級や亡命貴族や外国勢力との戦闘手段として、このすべての権力の集中は、幸福な前徴であり、さらにいえば、不可欠のものであった。」

(15) ルヴァスールの『回想録』のなかで強調された箇所。その他の強調表現は、カール・マルクスによってつけられたもの。

当時のカール・マルクスの関心をひいていたのは権力の概念であった、と結論しても決して誇張ではない。わたしはただ、あるノートの検討がマルクスの思想形成の研究にもたらしうると思われるものを一例を挙げて示そうとしたにすぎない。それゆえわたしは、マクシミリアン・リュベルと同様、それを読むことがとくに困難であるように思われる（マクシミリアン・リュベルがそれについて証言している）これらのノートの完全な公刊を願うものである。

同様に、四〇〇頁の抜粋と要約から成るいわゆるブリュッセルノートおよびマンチェスターノート（一八四五―一八四六年）がある。これらはなによりも経済学者たちからの抜粋と要約であるが、しかしそこには、一八四六年に出た『フランス革命以前の社会思想史、別名、古代の思想家ならびに哲学者に追い越され凌駕された現代社会主義者。証拠用原典付き。』(*Histoire des Idées sociales avant la Révolution française, ou les socialistes modernes devancés et dépassés par les anciens penseurs et philosophes. Avec textes à l'appui*, par P. de Villegardelle）と題するP・ド・ヴィルガルデル（P.de Villegardelle）の著書についてのノートが含まれている。この著書は、ネッケル（Necker）、ブリソー（Brissot）、およびランゲ（Linguet）からの抜粋を含んでおり、これらの資料は、マルクスによって『資本論』および『剰余価値論』(*les Théories sur la plus-value*）において利用された。[16]

（16）『全集』（コスト版）のなかには、『経済学説史』(*Hiotoire des doctrines économiques*）という標題のもとに翻訳されている。

しかし、すでに知られ整理済みの抜粋しかないわけではない。マルクスの蔵書がある。われわれは、その蔵書にはフランス革命に関する非常に多くの書物が含まれていたという証拠をもっている。この証拠は、フリードリヒ・エンゲルスとポールおよびラウラ・ラファルグ（Paul et Laura Lafargue）との書簡によってわれわれに与えられている。[17] エンゲルスは、一八八四年二月五日にラウラ・ラファルグに宛ててつぎのように書いている。「〔マルクスの蔵書のなかには〕非常にたくさんの立派なフランス書がありますが、それらの何冊かは貴重なものですし、またそれらは他のどこにおくよりもあなたとポールのお手もとにあった方が一層役に立つだろうとわたしたちは考えました。……」エンゲルスは、とりわけつぎのものを挙げている。「ギゾー『フランス文明史』（Guizot, *Histoire de la civilisation en France*）、フランス革命に関するすべての書物（ルスタロー『二人の自由の友』（Loustalot, Deux Amis de la Liberté, etc）など）。」ラファルグは当然同意し、彼もまたアベ・モンガイヤール（L'Abbé Montgaillard）の『革命史』（*L'Histoire de la Révolution*）を要求する（彼は義父の蔵書をよく知っている）。一八八四年三月三一日にエンゲルスは、「フランス革命に関する立派な一包みの書物、すなわちルスタロー『町の新聞』（*Feuille villageoise*）、『革命期のパリの監獄』（*Prisons de Paris pendant la Révolution*）……」の送付を知らせている。ついで一八八四年一一月二八日には、エンゲルスは後悔し、ラウラ・ラファルグに宛てて、チエーリ『第三身分の歴史』（Thierry : *Histoire du Tiers Etat*）、パケー『フランスの地方制度およびコミューン制度』（Paquet : *Institutions provinciales et communales de la France*）、ブオナロッチ『バブーフの陰謀』（Buonarroti : *La Conspiration de Babeuf*）を含む何冊かの書物の返還を要求する。そしてエンゲルスは、つぎのようにつけ加えている。「チエーリとパケーはわたしに必要となるでしょうし、ブオナロッチは今ではみつけることができません。」と。

（17）『F・エンゲルスとP・およびL・ラファルグとの書簡集、一八六八―一八九五年』（F. Engels, P. et L. Lafargue, *Correspondance, 1868-1895*）三巻、パリ、エディション・ソシアル、一九五六―一九五九年。

マルクスおよびエンゲルスの作品における一七八九年の革命に関する著書や革命期の定期刊行物への言及にも注意を払う必要があろう。すでに挙げた標題以外には、ほとんど偶然にわたしが読んだつぎのいくつかを挙げることしかできない（わたしは網羅的な一覧表をつくることはしなかった）。ビュシェ（Buchez）とルー（Roux）の『フランス革命議会史』（*Histoire parlementaire de la Révolution française*）――カール・マルクスはこれを『ユダヤ人問題〔によせて〕』（*La question juive*）（これについてはのちほどふたたび触れるであろう）および『資本論』（ル・シャプリエ法に関して）のなかで何度も利用する――、ルイ・ブラン（Louis Blanc）の『フランス革命史』（*Histoire de la Révolution française*）[18]――マルクス＝エンゲルス間の書簡で問題にされている――、カーライル（Carlyle）の『フランス革命史』（*l'Histoire de la Révolution française*）、ミニェ（Mignet）の『フランス革命史』（*Histoire de la Révolution*）[19]、チエーリの『フランス革命史』（*Histoire de la Révolution*）。マルクスは、一八四四年以降『〔経済学・哲学〕手稿』（Les Manuscrits）のなかでカミーユ・デムーラン（Camille Desmoulins）の『フランスおよびブラバン地方の革命』（*Les Révolutions de France et de Brabant*）を引用する。マルクスはまた、フランス革命に関するフランス共産主義者たちの出版物、すなわち、カベー（Cabet）やラポンヌレイ（Laponneraye）のそれをも知っている。マルクスは、マラー（Marat）の『奴隷制の鎖』（*Chaînes de l'Esclavage*）を一部もっていて、これにみずからの手で註をつけていたように思われる。いずれにせよ、エンゲルスはマラーについてのブルジャー（Bourgeat）の書物を引用している[20]……。

（18）K・マルクス宛F・エンゲルスの書簡（一八四七年一一月九日）。「君はルイ・ブランの『フランス革命史』を読んだか。正しい考えと限りないたわごととのばかげた混合物だ。僕はやっと第一巻の半分をサルセルで読んだ。これはおかしな感じのものだ。おもしろい見方で読者を驚かしたかと思うと、たちまち恐ろしいたわごとを頭の上でがなり立てる。だがルイ・ブランは非常にいい鼻をもっているし、けっして邪道にはまっているわけではない、あらゆる妄想にもかかわらず。だが、それにしても、彼は今すでに到達しているところより上には出ない。「二つの魔力が彼の生命を奪おうとしている」。イデオロギーが。」（コスト版『全集』、『マルクス＝エンゲルス書簡集』第一巻、一〇五頁。〔邦訳『全集』第二七巻、七八頁。ただし、引用のフランス語訳にあわせて訳を改めた〕――手紙の日付けの誤りを訂正する。四月九日〔一一月九日の誤りか〕ではなく、三月九日である）一八四八年一月二一日に（コスト版に書いてあるように一八四七年一一月二六日にではない）、エンゲルスはマルクスにルイ・ブランの著書について批判的な論文を書くよう求めている。

(19)「すべてのブルジョア的歴史家のなかで、わたしが好きなのはミニェだ」と、エンゲルスは一八八六年に書いている。B・レゾフ『フランスロマン主義歴史記述（一八一五―一八三〇年）』（B. Réizov, *L'historiographie romantique française* (1815-1830)）外国語版、モスクワ（一九六二年）、三五四頁に引用。エンゲルスにとって彼の時代の歴史家は旧派と新派の二派に分れていたことを知るのは興味深い。事実、彼はマルクスにつぎのように書いている。「君はアシル・ド・ヴォラベルの『帝国の瓦解、二つの王政復古の歴史』を知っているだろうか。去年出たものだ。ヴォラベルは『ナシオナル』の共和論者で、旧派の――ティエリやミニェなどより前の――歴史記述の部類に属する。彼はごくありふれた事情さえなんにも理解していない。……概観というものがまったくないためだ。」（一八四七年三月九日）〔邦訳『全集』第二七巻、七八―七九頁〕。

(20) カール・マルクスは、いくつかの簡潔な演説に言及するようになる。かくして彼は、『聖家族』のなかで、一七九四年二月五日の国民公会でのロベスピエールの演説の一節を引用し、また、サン・ジュストの報告、とくに、一七九四年四月一五日の全般的治安に関するサン・ジュストの報告にふれている（コスト版『全集』、『哲学著作集』第二巻、二一七―二一八頁〔邦訳『全集』第一巻、一二六―一二七頁〕）。

マルクスがフランス革命を研究したときに参考にした重要なものの一例をつぎに示す。『ドイツ・イデオロギー』(*l'Idéologie allemande*)[21]のある箇所が問題となる。つい先程挙げたルヴァスールの『回想録』以外に、マルクスはつぎのものを引用している。――ヌガレ『監獄の歴史』(Nougaret, *Histoire des prisons*)[22]、バレール(Barère)[23]、「二人の自由(と通商)の友」[24]、モンガイヤール『フランス史』(*Histoire de France*)[25]、ロラン夫人『後世への訴え』(Mme Roland, *Appel à l'a postérité*)[26]、J・B・ルヴェ(J.B. Louvet)の『回想録』(*Memories*)[27]、ボーリュー(Beaulieu)の「下劣な」『歴史的試論』(*Essais historiques*)[28]、革命裁判所における弁論、R氏の『革命期フランスの聖職者の歴史』(*l'Histoire du clergé de France pendant la Révolution*)[29]、純心なペルチエ氏(Monsieur Pel-tier)の無数の書きもの[30]、たとえば『モンジョア著ロベスピエールの陰謀』(*Conspira-tion de Robespierre* par Montjoie)[31]。

(21) コスト版『全集』、『哲学著作集』第七巻、一五四頁。『ドイツ・イデオロギー』は、一八四五年春と一八四六年末とのあいだに書かれた。草稿のテキストは一八三二年になってはじめて知られた。いわゆる「パリノート」のなかのノートが広く利用されている。われわれが引用する箇所は、マルクスが多くのものを読んでいたことを示しているが、*MEGA* 版にとり入れられたノートはその跡を示していない。それゆえわれわれは、マルクスが利用できた著作の正確な標題と版を注において示すことにする。

（22）ヌガレ、ピエール・ジャン＝バチスト（Nougaret, Pierre, Jean-Baptiste）（一七四二―一八二三年）。革命中パリのコミューンの事務局に雇われていたが一七九三年に解雇された。『パリおよび諸県の監獄の歴史。数少ない貴重な回想録――それらはすべてフランス革命の歴史、とくにロベスピエールとその代理人ならびに共犯者の専制のために役に立つ――を含む』（*Histoire des prisons de Paris et des départemens, contenant des mémoires rares et précieux, le tout pour servir à l'histoire de la Révolution française; notamment à la tyrannie de Robespierre, et de ses agents et complices*）パリ、共和暦第四年、四巻。

（23）問題にされているのは恐らく一八四二―一八四四年に出版されたバレールの『回想録』（*Mémoires*）であろう。

（24）F・ケルヴェソー（F. Kerversau）とG・クラヴラン（G. Clavelin）が、『フランス革命史。この記念すべき革命を終らせた相つぐ行政についての二人の自由の友による略説を序とする。』（*Histoire de la Révolution de France. Précédée de l'exposé rapide des Administrations successives qui ont déterminé cette Révolution mémorable*）を出版したのは、この仮名によってであった。（実際には、一七九〇年から一八〇三年にかけてパリで出た二〇巻のシリーズの方が問題である）。

（25）モンガイヤール、ギョーム＝オノレ・ロック、アベ・ド（Montgaillard, Guillaume-Honoré Rocques, abbé de）（一七七二―一八二六年）。一七九九年に帰国した亡命貴族。マルクスはつぎの著作を指している。『ルイ一六世治世末期から一八二五年までのフランス史。緒論およびフランスの君主制ならびに革命をもたらした諸原因についての歴史的序論付き。』（*Histoire de France depuis la fin du règne de Louis XVI jusqu'à l'année 1825, précédée d'un discours préliminaire et d'une introduction historique sur la monarchie française et sur les causes qui ont amené la Révolution*）九巻、パリ、

一八二七年（一八二七年から一八三九年までに七版を重ねた）。

(26)『女市民ロランによる公平な後世への訴え……。別名、彼女がラベおよびサン＝ペラジ監獄に拘留されているあいだに書いた著作集』(*Appel a l'impartiale postérité, par la citoyenne Roland… ou Recueil des ecrits qu'elle a rédigés, pendant la détention aux prisons de l'Abbage et de Sainte-Pélagie*) パリ、共和暦第三年、四巻。

(27) ルヴェ・ド・クーヴレー、ジャン・バチスト (Louvet de Couvray, Jean Baptiste)（一七六〇―一七九七年）、『回想録……』(*Mémoires……*) パリ、一八二一年。

(28) ボーリュー、クロード・フランソア (Beaulieu, Claude, François)（一七五四―一八二七年）。ジャーナリストで、フイヤン・クラブの最初のメンバーの一人。彼の著作の標題はつぎのようである。『フランス革命の原因と結果についての歴史的試論。若干の事件と若干の制度についてのノート付き。』(*Essais historiques sur les causes et les effets de la révolution de France, avec des notes sur quelques événemens et quelques institutions*) パリ、共和暦第九―一一年、六巻。

(29) レニエ＝デトゥルベ、イッポリット・フランソア (Régnier-Destourbet, Hippolyte-François)。『革命期におけるフランス聖職者の歴史』(*Histoire du clergé de France pendant la Révolution*) 一八二八年、全三巻。

(30) ペルチエ、ジャン・ガブリエル (Peltier, Jean-Gabriel)。一七八九年にはジャーナリストで、八月一〇日以後亡命。一八一五年にフランスに戻り、イギリスに帰る（一八一六年）。一連の反革命的誹毀文書の著者。

(31) モンジョア、フェリクス・ルイ・クリストフ (Montjoie, Felix, Louis, Christophe)（一七四六―一八一六年）。八月一〇日以後アベ・ロワユー (l'abbé Royou) と『国王の友』(*Ami du Roi*) を創刊した。弁護士で、一七九七年にスイスに移住し、ブリュメール一八日以後フランスに戻る。一七九五年に『マクシミリアン・ロベスピエールの陰謀の歴史』（*Histoire de la conjuration de Maximilien Robespierre*）（一七九五年から一八〇一年のあいだに三版を重ねる）を出版。

実際マルクスは、その生涯を通じてフランス革命の資料を渉猟することをやめなかった。彼は一八七八年一一月にG・アヴネル（G.Avenel）の『革命の月曜日』（*Lundis révolutionnaires*）を読み、これに註釈を加え始めるが、彼はとくにその作品のバブーフ主義者たちの失敗の結末や国有財産売却の累増、土地手形の減価と廃止に関するくだりに関心をよせていた[32]。

（32）『カール・マルクス、その年譜』（Karl Marx, *Chronik seines Lebens in Einzeldaten*）三六九頁〔邦訳、岡崎次郎・渡辺寛訳『マルクス年譜』青木書店、一九六〇年〕。

この第二の出会い、すなわち〔フランス〕革命に関する歴史記述とのマルクスの出会いを指摘しておくことはふさわしいことであった。なぜならば、わたしの知る限り、この研究は体系的なかたちで行なわれたことはなかったからである。わたしが行なった文献の例示は、この研究にとって代わるものではない。わたしはただ、さまざまな研究の可能性があったこと、そしてそれらの研究はきわめて大きな利益を与えてくれたことを示したかっただけである。なぜなら、そうした研究は、マルクスの思想の歩みについてわれわれに明らかにしてくれることができたからである。

第三章

マルクスとフランス革命との第三の出会いについて述べることにするが、マルクスのパリ滞在が彼の歴史研究を容易にしたことはまったく確かである。パリの図書館がマルクスにたいして開かれると同時に、彼は、生きた革命の伝統に支配されていた結社に多かれ少なかれ直接加わるのである。一つの革命が他の革命を忘れさせるようである。一八四八年の二月および六月以前においては、ひとびとが割引計算を行なうのはまだ一七八九―一七九九年の結末についてである。わたしは、当時ひとびとが〔フランス革命による〕「魅惑」[1]について語ることができたとは思わない。なぜなら、実際にひとびとは「大革命」[2]（この表現はマルクスおよびエンゲルスによってたえず用いられる）なるものの直接の遺産のもとに住んでいたからである。カール・マルクスは、一八四三年から一八四五年までパリに滞在する。彼は、ハイネが「一七九三年の『モニトゥール紙』のきたなく油でよごれた使い古しの古新聞のにおいをもっていた」とわれわれに伝えているあの人民の結社の会合にしばしば出入りしていたのであろうか。事実は確かでない。しかし確かなことは、マルクスがこれらの結社を知っていたということである。直接にか。それについてはひとびとの意見の分れるところである。では間接にか。確かにハイネとドイツ人亡命者たちを通じてである。マルクスは、全体からいって、セクト活動なるものには一切反対している。しかしながら彼は、フランス革命に賛同することによって受け継がれた思想や用語法や組織方法を目の前にしていたのである。実際、ジャコバンの伝統がフランスにおける革命運動の展開につねに重くのしかかっていた。この伝統が実際に圧力をおよぼし一つの方向を決定する限りにおいて、それは、たとえ意識の面に存在するにすぎないとしても、一つの歴史的事実として考えられなければならないのである。ひとびとはいわば、ナポレオン崇拝を分析しその痕跡をたどってよろこんでいた。さらに、ジャコバン「神話」なるものもある。――だがそれは、ナポレオン神話とは違って、過去への復帰を意味しない。それは、近代の民主主義的・社会的願望にたいして一つの典型として応えているのである。いずれにしても、根底にある種の転覆があったということが、カール・マルクスにとってフランス革命の重要性を証明していたのである。フランスは当時、非常に豊かな歴史的影響の現象が認められる唯一の国であった。さよう、一八四三―一八四五年のパリにはフランス革命はまだ存在しているのである。それはとくに共産主義的労働者たちのあいだに存在しており、彼らにおいては、「人間愛」は「空疎な言葉」ではなく「一つの真実」なのである。[3] ベルヴィルでの共産主義者の第一回祝宴（一八四〇年七月一日）の際には、「純粋の山岳党員のために、勝利を打ちたて祖国を救ったひとびとのために」乾杯が行なわれる。周知のごとくマルクスは、多くの賛嘆の念をこめてフランスの共産主義者テオドール・デザミ（Théodore Dezamy）について語った。ところでデザミは、ラムネ（Lamennais）との論争において国家の問題と取組み、まさにマルクスが国民公会に払った関心のゆえに、そしてまたやがてみるように、マルクスの国家論がその要素のいくつかを一七九三―一七九四年の経験に負うがゆえに想起しなければならぬような言葉で、国民公会を共産主義者公会にたとえたのである。「国家は一つの抽象的存在でしかあり得ないというこの奇妙な主張に関しては、――と、デザミは論駁している――われわれはこの反論をまじめなものと受けとることはできない。ではたとえば、あれほど光り輝いたかの国民公会は、一つの抽象的存在、つまり、みずからを表明することも行動することもできない存在であり、純粋な一つの虚構にすぎなかったであろうか。それは、農業のためにも、工業のためにも、科学のためにも、芸術のためにも、何物をもつくり出さなかったであろうか。このような議論は思い出すのもばかげているであろう。よろしい！ 国民公会は、たとえそれが一四世紀にわたる社会的独占体の狭い枠のなかですっかり喉元をしめあげられていたにもかかわらず、同様の不可能事と闘う必要のない共産主義者公会が行なうことができないような立派な美しい事業をなし得たことがいまやあなた方に証明されているとしてもであろうか。[4]」サン・キュロット精神は、マルクスがしばしば訪れたこのパリにおいて、都市人民大衆の経済的・社会的要素がアルベール・ソブール（Albert Soboul）が一七九三―一七九四年について研究したところのものに近づけば近づくほどますます強く現われるのである。カール・マルクスは、一八七一年においてもなお、この伝統のなかに存在するかも知れない否定的要素を恐れて、パリの労働者たちにつぎのように警戒させている――「彼らは一七九二年の国民的追憶にまどわされてはならない。……彼らは、過去を繰り返すべきではなく、未来を建設すべきである。[5]」と。

（1）この言葉はフュレ（F.Furet）によってつぎのように用いられている。「フランス領左岸のすべての家庭にとって、フランス革命は偉大な先祖あるいは偉大な手本を与えていた。この魅惑の歴史は、本質的にまだこれから書かれるべきものである。」（『年誌』(*Annales*) 一九六三年、第六号、一〇九八頁。ところでマルクスは、このフランス領左岸の歴史のきわめて間近で生活したのである。

（2）「これまでの歴史では最も巨大な革命（die kolossalste Revolution）」『ドイツ・イデオロギー』（コスト版『哲学著作集』第七巻、一八二頁。〔邦訳『全集』第三巻、一七九頁〕）この表現は、マルクス主義的用語のなかではある程度通用するであろう。「フランス革命が《大》革命と呼ばれるのは、理由のないことではない、——と、レーニンもまた一九一九年に断言している。フランス革命は、自分の階級のために、すなわちブルジョアジーのために、非常に多くのことをなしとげたので、一九世紀、すなわち人類全体に文明と文化をあたえた世紀全体が、フランス革命を旗印としたほどであった。」（『全集第二九巻、三七五頁。〔邦訳『レーニン全集』第二九巻、三七二頁〕）。

（3）『一八四四年手稿』エディション・ソシアル、一〇七—一〇八頁〔邦訳、城塚登・田中吉六訳『経済学・哲学草稿』岩波文庫、一三二頁〕。

（4）テオドール・デザミ『自分自身に論駁されたラムネ氏、別名『人民の過去と将来』という標題をもつ著書の批判的検討』（Théodore Dezamy, *M.Lamennais réfuté par lui-même, ou Examen critique du livre intitulé《du passé et de l'avenir du peuple》*）パリ、一八四一年、五七頁。

（5）『フランスにおける内乱』のなかの「フランス＝プロイセン戦争についての〔国際労働者協会〕総評議会の第二の呼びかけ」エディション・ソシアル、パリ、一九五三年、二八九頁〔邦訳『全集』第一七巻、二五九頁〕。

ところで、パリ人民の急進分子をあらわす新ジャコバン《ネオ・ジャコバン》党員たちは、われわれのこの歴史法則——それはいわばすべての社会グループがフランス革命運動のなかでそれぞれの好みの時期を選ぶことを望む（おのおのにその革命を！）――にしたがって、政治的独裁と社会革命の二つのテーマをふたたびとりあげ、それらをしっかりと結合させて、何よりもまずバブーフ主義と連合する。わたしは、新バブーフ主義運動をそれ自体として研究する必要はない(6)。だがわたしは、マルクスがフランス革命について得た知識はもっぱら知的なあるいは書物のうえの研究によるものであると考えられてはならないことをぜひとも想い起させておきたかったのである。ひとびとはさらにつぎのように問うことができる――マルクスはいわば逆行的思惟方法によってどの程度まで新バブーフ主義から出発してバブーフを発見したのか、と。この問いは、彼の賞賛するバブーフ自身にたいしてよりもはっきりとバブーフの理論と方法の時代錯誤的再現にたいして向けられた――彼の時代の条件たる客観的条件を考慮して――彼の評価のいくつかを説明してくれるであろう。

（6）この問題は、一九六〇年八月にストックホルムで催されたバブーフとバブーフ主義の問題についての討議の際にとりあげられた。一九六三年にエディション・ソシアルから出版された論文集のなかのとくにつぎの論文を参照。ワルターー・マルコフ『バブーフ、バブーフ主義とドイツ知識人、一七九六―一七九七年』（Walter Markov, *Babeuf, le babouvisme et les intellectuels allemands*, 1796–1797)、カール・オーベルマン『ウィルヘルム・ワイトリンクの革命的宣伝、一八三八―一八四三年』(Karl Obermann, *La propagande révolutionnaire de Wilhelm Weitling*, 1838-1843)、サムエル・ベルンシュタイン『出版物による新バブーフ主義、一八三七—一八四八年』(*Le néo-babouvisme d'après la presse, 1837-1848*)。わたしはまた、マゾリックがその著『バブーフと平等のための陰謀』(*Babeuf et la Conspiration pour l'Egalité*)(エディション・ソシアル、パリ、一九六二年)のなかで行なっている文献の指示にこの問題を委ねる。なお、『フランス革命史年誌』(*A.H.R.F.*)の特別号(一九六〇年一〇—一二月号)を参照。

説得的なかたちで再構成しうるマルクスと一七八九年の革命との出会いの三つのタイプとは、このようなものであった。実際マルクスとエンゲルスは、彼らの全生涯を通じてフランス革命について考えつづけた。一八五三年四月一二日付けの『ニューヨーク・〔デイリー・〕トリビューン』において、カール・マルクス〔訳者注—エンゲルスの誤り〕はつぎのように書いている——「革命は鎮圧されたかのように見えるが、それはなお生きており、いまでもやはりはなはだしく恐れられている。」と〔邦訳『全集』第九巻、一六頁〕。エンゲルスは『反デューリング論』(*L'Anti-Dühring*)(初版一八七八年)においてフランス革命への言及を増している〔とくに第二編「経済学」の「暴力論」〕。エンゲルスは、一八八五年に書く『ブリュメールの一八日』への序文において、「フランスの歴史についてマルクスがもっていた深い知識」と「フランスは階級闘争がつねにほかのどの国よりも徹底的に結着までたたかいぬかれた国である」〔『全集』第二一巻、二五四頁〕という事実について語っている。しかしながら、マルクスがフランス革命に向けるこの生涯を通じての興味の動きのなかには、いわばその関心の密度がいっそう高まるいくつかの特別の時機がある。すなわちそれが、わたしが出会いの時機とよびうると考えたところの時機であった。

第二部

ここで、フランス革命についての知識がどの程度マルクス主義思想の形成に寄与したかを問うことにしよう。〔この問題に〕手短かに答えることは容易ではない——すべてにわたって証明を関説や引用に基礎づけなければならないだけにそうである。

それゆえ、わたしにできることは若干の考えを提示することだけである。この考えをフランス革命に関するマルクスの思想の変遷を年代順に追うかたちで示すならば、おそらく深遠な分析にいっそうよくかなうであろう。事実わたしは、オーギュスト・コルニュと同様、「一八四五年までにマルクスがフランス革命についてくだした判断の状態は、彼の思想形成の決定的な時期における彼の知的ならびに政治的発展をきわめて正確に説明することを可能にしている」(1)と考えている。だが、うえに述べたような研究はわれわれを極端に導くであろう。そのような研究はまた、欠落部分を、いってみれば穴をふくむことになろう。われわれは、一七八九年の経験についての一貫した連続したマルクスの証言を利用できないからである。それゆえわたしは、十分魅力的ではあるが年代順に追う計画をやめて、わたしに重要と思われる二つの一般的テーマの周辺にわたしの見解をまとめることにしたい。ところでわたしは、この二つのテーマの最初のものはとくに一八四八年までのマルクスの思想に対応し、第二のものは一八四八年の革命的危機以後にいっそうはっきりと現われることを認めるものである。

第一のテーマ——フランス革命の研究は史的唯物論の構築に寄与したか。また、どのようにか。

第二のテーマ——革命的経験としての一七八九—一七九九年の大動乱は、それを革命的経験の手本とすることによってプロレタリア革命の準備と指導のために利用しうるような要素をふくんでいるであろうか。

（1）A・コルニュ「カール・マルクスとフランス革命」『パンセ』（第八一号、一九五八年九—一〇月、七二頁）。

第四章

第一のテーマに関しては、まずつぎのことに、すなわち、階級闘争の理論がフランス革命の研究から生ずるとしても、この理論は〔すでに〕マルクス以前に出されていたということに注意しよう。一八五二年三月五日付けのヨーゼフ・ワイデマイヤー（Joseph Weydemeyer）宛マルクスの書簡のつぎの件りはひとびとの知るところである。「ところで僕について言えば、近代社会における諸階級の存在を発見したのも、諸階級相互間の闘争を発見したのも、別に僕の功績ではない。ブルジョア歴史家たちが僕よりずっと前に、この階級闘争の歴史的発展を叙述した……。(2)」われわれは、カール・マルクスがどのようなブルジョア歴史家を指しているかを知っている。それは、ギゾー（Guizot）でありまたチエーリ（Thierry）であって、マルクスは一八五四年七月二七日付けのエンゲルス宛書簡のなかで、チエーリを「フランスの歴史叙述における階級闘争の父(3)」とよんでいる〔邦訳『全集』第二八巻、三〇八頁〕。

（2）カール・マルクス＝フリードリヒ・エンゲルス『哲学研究』パリ、一四五頁〔邦訳『全集』第六巻、四〇七頁〕。

（3）「チエーリからギゾー、ミニェ、チエールにいたる王政復古時代の歴史家たちは、――と、エンゲルスは一八六八年に書いている――この事実（土地貴族（landed aristocraty）とブルジョアジー（middle class）とのあいだの階級闘争）が、中世以来のフランス史の理解を可能にする鍵であると随所に述べている。」（『ルートヴィヒ・フォイエルバッハ〔とドイツ古典哲学の終結〕』カール・マルクス＝フリードリヒ・エンゲルス『哲学研究』パリ、一九三六年、五七頁〔邦訳『全集』第二一巻、三〇四頁〕。また一八九四年には、「マルクスが歴史の唯物論的解釈を発見したとしても、チエーリ、ミニェ、ギゾー、それに一八五〇年までのすべてのイギリスの歴史家たちは、ひとびとによってその解釈のための努力がなされてきたことを証明している」と書いている（一八九四年一月二五日付けシュタルケンブルク宛エンゲルス書簡、同右、一六三頁）。G・プレハーノフ（G.Plekhanov）は、もっとのちに、より体系的なかたちで、その著『一元論的歴史解釈の発展に関する試論』（*Essai sur le développement de la conception moniste de l'histoire*）（一八九五年）において（とくに第二章「王政復古時代のフランスの歴史家たち」を参照）、またとりわけ、一八九五年に『社会の未来』（*Le Devenir Social*）に発表された彼の研究「オーギュスタン・チエーリと歴史の唯物論的解釈」（《*Augustin Thierry et la conception matérialiste de l'histoire*》）において、この時代の歴史家たちのマルクス主義的解釈を展開した（テキストは、プレハーノフ『マルクス主義の根本問題』（*Les Questions fondamentales du marxisme*）エディション・ソシアル、パリ、一九四七年に復刻）。しかし、一八四八年以降になると、マルクスは、チエーリの著作『第三身分の形成と進歩の歴史』（*Essai sur l'histoire de la formation et des progrès du Tiers-État*）を、ブルジョアジーとプロレタリアートを対立させる階級闘争が以後前面に登場することをみていないと非難することを、はっきりさせておく必要がある（一八五四年七月二七日付けエンゲルス宛書簡〔邦訳『全集』第二八巻、三〇八―三〇九頁〕）。

だがマルクスは、単なる階級闘争によるフランス革命の説明以上に進む。あるいはもっと正確にいえば、フランス革命はマルクスに貴族とブルジョアジーの敵対の確認だけでは解決し得ない諸問題を提起するのである。

どのような問題をか。

それはまず、事件の神話破壊という問題である。歴史家というものは、役者の台詞や彼が身にまとうマントに気をとられてはならない。これは、マルクスが『ブリュメール一八日』のなかで述べている見解である。「一七八九―一八一四年の革命は、ローマ共和制の服装とローマ帝国の服装をかわるがわる身にまとった。」さらにもう少しあとの方でつぎのように書いている。「カミーユ・デムーラン、ダントン、ロベスピエール、サン・ジュスト、ナポレオン、これら昔のフランス革命の英雄たち、その諸党や大衆は、ローマ時代の衣装をつけ、ローマ時代の文句を使って近代ブルジョア社会を枷からときはなし、つくりだすという、自分の時代の課題をなしとげたのであった。」それは、マルクスが「死者のよみがえり」とよぶところのものであり、「新しい闘争に栄光を添える」ために役立たなければならないのであって、「古い闘争をもじる」ためにではないのである。(4)

(4)『ルイ・ボナパルトのブリュメール一八日』(エディション・ソシアル、パリ、一九四八年、一七三―一七四頁。〔邦訳『全集』第八巻、一〇七―一〇九頁〕)。

マルクスのこの見解は、他の時代にも当てはまるのであって、レーニンによってしばしば指摘されているように、最近では革命家たちが新しい課題をなしとげるのにロベスピエールからその方式を借用するということが起こるかも知れない。特定の階級に支配された特定の社会のなかで育った革命家たちは、この社会の基礎を変えこの階級の支配権を破壊しようとする意志を表現するための言葉そのものを、この特定の社会や特定の階級から借用するのである。国民公会の議員たちは、古典の教養によって培われていたので、みずからをプルタルクの英雄たちになぞらえた。一九世紀の多くの革命家たちは、ジャコバンの教養によって培われていたので、みずからを国民公会の議員たちになぞらえた。ポチエ (Eugène Pottier) が歌った「九三年の火山」は、長いあいだにわたって炎を放ったのであった。

しかし、一七八九年の革命に関しては——とくに最初の局面の憲法制定議会の革命に関しては——、歴史家は、主役たちが自分の参加するドラマの現実の危険な役回りについて抱く幻想に気をとられてはならない（アルフォンス・オラール（Alphonse Aulard）の場合にはいく分そうであった）。フリードリヒ・エンゲルスが彼がイデオローグとよぶ連中に反対して述べた以下の見解は、すべての世代の革命家に適用しうるということは真実ではなかろうか。「これらのイデオローグたちは、ある時代が自己自体に抱く幻想やある時代のイデオローグたちがその時代について抱く幻想をまにうけるほど軽信のやからである。このたぐいの人間は、たとえば一七八九年の革命のなかに、絶対君主制にたいする立憲君主制の長所についてのいささか猛烈な討論だけしかみない。(5)」

（5）フリードリヒ・エンゲルス『ブルジョア民主主義革命……』のなかの「〔ドイツ農民戦争」（エディション・ソシアル、パリ、一八五一年、三七頁。〔邦訳『全集』第七巻、三四八頁〕）。

意識的あるいは無意識的な神話化が存在するという証拠の一つは、法というものが、歴史のすべての段階において、永久的なものとして考えられあるいは提示されたいくつかの価値の恒久的な法制的表現として表わされているということである。マルクスは、きわめて初期に、そして部分的にはフランス革命についての考察の結果として、法の歴史的相対性の観念に到達した。マルクスが一八四九年二月八日にケルン重罪裁判所の陪審員たちを前にして行なったつぎの陳述を想い起そう。「社会は法律を基礎として成立するのではありません。そういうことは、法律家の妄想にすぎません。むしろ法律が社会を基礎としなければならないのです。法律は、個々人の恣意とは対抗して、そのときどきの物質的生産様式から生まれてくるこの社会の共通の利益と必要を表現しなければなりません。ここに私が携えているナポレオン法典、この法典が近代のブルジョア社会をつくりだしたのではないのです。むしろ、一八世紀に成立して一九世紀にいっそうの発展をなしとげたブルジョア社会がこの法典に法律的に表現されているにすぎません。この法典がもはや社会状態に一致しないようになれば、それは一束の紙片にすぎなくなります。この古い法律が古い社会秩序をつくりだきなかったのとまったく同様に、諸君はこの古い法律を新しい社会的発展の基礎とすることもできません。」法律は古い社会状態の結果であり、「それは存在条件の変化とともに必然的に変る」(6) ことをマルクスに教えたのは、フランス革命という激動であった。

（6）『ケルン陪審員の前に立つマルクス』（*Karl Marx devant les jurés de Cologne*）（コスト版、二一七頁

〔邦訳「ライン民主党地区委員会に対する訴訟」『全集』第六巻、二四一頁〕。

フランス革命から直接着想を得た、そしておそらくこれまで誰も十分な関心を払ったことのなかったエンゲルスの一つの文章がある。それは、現実的なものはすべて合理的であり合理的なものはすべて現実的であるというヘーゲルの命題に関する一種の省察である。エンゲルスはつぎのように書いている——「フランスの君主制は、一七八九年にはひどく非現実的になっていた。すなわち、まったく必然性を奪われ、ひどく不合理になっていた。だからそれは、ヘーゲルがいつも無上の感激をもって語るあの大革命のためにほろぼされなければならなかったのである。ここでは、つまり、君主制が非現実的なものであり、革命が現実的なものであった。このように、さきには現実的であったものが、すべて発展の経過のなかで非現実的になり、その必然性、その存在権、その合理性をうしなっていく。死んでゆく現実的なものに代わって、新しい、生活力のある現実性が現われてくる、——古いものが反抗せずに死んでいくほど賢明な場合には平和的に、古いものがこの必然性にさからう場合には暴力的に。このようにして、ヘーゲルの命題は、ヘーゲルの弁証法そのもののおかげでその反対物に転化する。すなわち、人類の歴史の領域で現実的であるものは、すべて時とともに不合理となるのであり、つまり、すでにその本来のさだめからいって不合理であり、最初から不合理性を負わされているのである。そして人間の頭脳のなかで合理的であるものは、どんなに現存する見かけだけの現実性と矛盾していようと、すべて現実的になるようさだめられているのである。現実的なものはすべて合理的であるという命題は、ヘーゲルの思考方法のあらゆる規則にしたがって解体し、現存するものはすべて滅亡にあたいする、という他の命題になる。[7]」

（7）前掲「ルートヴィヒ・フォイエルバッハ」（邦訳『全集』第二一巻、二七〇—二七一頁）。ただし、マルクス・エンゲルス著作集の翻訳『宗教について』（一九六〇年）を使用。

このような言葉を聞くと、われわれは学問的な研究——それなくしては歴史学はあり得ないとひとびとは正当にも考えている——から遠くかけはなれてしまう、と恐らくひとは思うであろう。だが間違わないでほしい。わたしの意図は、マルクスおよびエンゲルスの著作のなかに、史的唯物論についてのラングロア—セニョボ（Langlois—Seignobos）流の解釈のための規則を探し出すことではなく、フランス革命に関するマルクスとエンゲルスの思想と思われるものを示すことである。しかも結局のところ、ある特定の時点の経済的社会構成体の構造を、たとえば革命前夜のアンシアン・レジームを仔細に検討するとき、この経済的社会構成体のなかにはいくつかの構造が、すなわち、あるものは現実の要求に適合することをやめてしまい、またあるものは萌芽的なあるいは多少とも発展したかたちで〔時代の〕新しい命令に適応するようにみえるいくつかの構造が、共存ないし対立し合っていることにひとは気づかないであろうか。

ひきつづき——一見脇道にそれたようにみえるがそうではなかった——、マルクスの思想の歩みをたどることにしよう。わたしは大いに図式化することによって、いくつかの時機《モメント》を、すなわち、マルクスが具体的経験としてのフランス革命から出発してそれを介してより一般的な見解に達する段階としての時機《モメント》を区分するであろう。

1　階級の観念はすでにはっきりとひき出されていたので、フランス革命の研究はマルクスをして——彼独自用語を用いるならば——普遍的支配権を要求しうる「ある特殊な階級」を特徴づけるところのものを問うにいたらしめる。マルクスの答えはつぎのようなものであるが、そこには、さきに引用した合理的なものと現実的なものについてのフリードリヒ・エンゲルスのあの考えの出発点がふたたび見出される。マルクスの文章は一八四四年のものである。それは『ヘーゲル法哲学批判　序説』にある。それを読めば、マルクスがふたたびフランス革命に手掛りを求めていることが分るであろう。実際それは、彼にとっては決定的な経験であり、それを分析すれば法則や不変なものを明らかにすることができるような経験だったのである。「ただ社会の普遍的権利の名においてだけ、ある特殊な階級が普遍的支配を要求できる。この解放者の地位をうばいとり、それによって社会のすべての領域を自分の領域の利益のために政治的に利用するためには、革命的エネルギーと精神的自己評価の感情だけでは十分ではない。それどころか、一国民の革命と市民社会のある特殊な階級の解放とが一致するためには、つまり、一つの身分が全社会の身分であると考えられるためには、社会のいっさいの欠陥がある他の一つの階級に集中されていなければならず、またある特定の身分が全般的な衝突の身分、全般的障壁の化身でなければならず、またある特殊の社会的領域が、この領域からの解放が全般的な自己解放であると思われるほど、全社会の札つきの非行としてみとめられなければならない。ある一つの身分がすぐれて解放する身分であるためには、逆にいま一つの身分が公然たる抑圧の身分でなければならない。フランスの貴族と聖職者が否定的・一般的意義をもっていたことが、彼らにもっとも接近していてしかも彼らと対立していたブルジョアジーの階級が、肯定的・一般的意義をもつことを条件づけたのである。」マルクスは、この数行あとでドイツに欠けているものを示そうとするとき、彼はシェイエス（Sieyès）の小冊子に言及して、ドイツ社会の特殊な諸階級のすべてに「たとえ一瞬でも国民の魂と同化できるほどのあの心の広さ、物質的な力を鼓舞して政治的な力に高めるだけのあの天分、敵にむかって、おれは無力だがいっさいでなければならないはずだ、と不敵な言葉をなげつけるだけのあの革命的な大胆さ」が欠けている、と述べている。(8)

（8）マルクス＝エンゲルス『宗教について』五三―五四頁〔邦訳『全集』第一巻、四二五頁〕。傍点はマルクスの強調箇所。この考えは、レーニンが「革命の基本法則」とよぶところのものを想い起させるとき、ふたたびとりあげられる。「搾取者がいままでどおりに生活し支配することができないことが、革命にとって必要である。「下層」が古いものをのぞまず、「上層」がいままでどおりにやっていけなくなるときにはじめて、そのときにはじめて革命は勝利することができる。言いかえれば、この真理は、全国民的な〔（搾取するものにも搾取されるものにもかかわる）〕危機がなければ革命は不可能であるという言葉によって言い表わされる。」（『共産主義内の「左翼主義」小児病』（*La Maladie infantile du communisme*）『著作集』第三一巻、八一頁〔邦訳『レーニン全集』第三一巻、七三頁〕）。

明らかにこの言葉は一般的次元に属するものであるが、しかしマルクスのこの言葉について考えるとき、エルネスト・ラブルース（Ernest Labrousse）がフランス革命（一七八九年、一八三〇年、一八四八年）の折りに分析した「責任転嫁」の現象――恐慌の際に政府にたいして行ないがちな「責任転嫁」――のことが思い出される。わたしは、彼が〔それに責任があると〕断言する経済的・社会的制度について、マルクスが想起させた「全般的な衝突」の問題をつけ加えたい(9)。

（9）エルネスト・ラブルース（Ernest Labrousse）は、革命の勃発過程における経済恐慌（この場合、一八四七年の恐慌）の役割を論じ、つぎのように述べている。「恐慌は、政府の責任であるばかりでなく、はるかにそれ以上に体制そのものの責任である……。それは、責任をどこに帰すべきかということである。それは、大恐慌のような困難な状況においては、いかに政府が、また体制が、厳粛で有効な批難の対象となりうるかということである。（『一八四八年革命百周年記念歴史学会会報』（*Actes du Congrès historique du centenaire de la révolution de 1848*）所収「革命はいかにして起るか」（*Comment naissent les Révolutions*）パリ、一九四八年、一〇―一一頁）。

2　なぜそうなのか。彼〔マルクス〕が一八四四年の上記の文章のなかで述べているあの「全般的障壁」とは一体何であったのか。これに答えるためには、クロイツナッハ「抜粋ノート」およびカール・マルクスがパリで行なった政治経済学の研究のうちにみられる熱心な追究を想い起さなければならない。この全般的障壁は、生産力の発展にとって障害となった既存の生産諸関係によってつくりだされる。これは、『共産党宣言』(*Manifeste du Parti communiste*) のきわめて有名な文章である。だが、さらにこれを引用することを許してほしい。なぜなら、それを思い出すことがどうしても必要だからである。というのは、カール・マルクスはこのテキストのなかで、彼にとって結局のところ革命的恐慌の説明と思われるものを定式化しているからである。「ブルジョアジーが育つ基礎として役立った生産手段と交通手段は、封建社会のなかでつくりだされたのであった。この生産手段と交通手段の発展がある段階に達したとき、封建社会が生産と交換をおこなっていたその諸関係、農業および工業の封建的な組織、一言でいえば封建的所有関係は、そのときまでに発展していた生産諸力に、もはや照応しないようになった。それらはそのまま桎梏に変った。それらは爆破されなければならなかった。そして、爆破された。」〔邦訳『全集』第四巻、四八〇頁〕。この文章が、ブルジョアジーが封建制に支配された社会のなかで発展した仕方についてのすべての叙述に先立って書かれていることを忘れないでおこう。(10)

(10) この考えは、『反デューリング論』のなかでエンゲルスによってふたたびとりあげられ、展開される。「フランスでは、政治状態はもとのままで変わらなかったのに、経済状態が成長して、この政治状態の枠をはみだしたのである。政治的観点からすれば、貴族がすべてで、市民は無であった。社会的観点からすれば、市民はいまでは国家内の最も重要な階級であったし、他方貴族は、その社会的機能をすべて失ってしまい、ただ所得のかたちでこの消滅した機能にたいする報酬を取りこんでいただけであった。それればかりではない。市民階級の生産は――マニュファクチュアだけでなく、手工業さえ――とっくに中世の封建的な政治形態のなかに、すなわちいまでは生産の妨害や桎梏でしかなくなった千にものぼるツンフト的特権や地方および州の関税障壁のなかに、押しこめられていた。」（『反デューリング論』エディション・ソシアル、パリ、一九五〇年、一九六―一九七頁〔邦訳『全集』第二〇巻、一七〇頁〕）。このテーマは、一七八九年の革命に捧げられた最初のマルクス主義的著作、すなわち、革命百周年を記念して一八八九年にシュトゥットガルトで出版されたカウツキーの『一七八九年の階級闘争――大革命百周年を記念して』（*Les luttes de classes en 1789, pour le centième anniversaire de la grande Révolution*）と題する著作のなかにふたたび登場する。この作品は、一九〇一年にフランス語に翻訳された（『社会主義研究叢書』（*Bibliothèque d'Études socialistes*）III）。

これらの叙述は今日では人口に膾炙《かいしゃ》している――だが、それらが書かれた当時は革新的な性質を帯びて現われたのであった。けれども、わたしはその点を強調しているのではない。わたしはただ、フランス革命が問題となるとき、階級闘争それ自体は派生的な条件であり第二次的な条件であること、もっと正確にいうならば、それは経済的社会構成体を分裂させる諸矛盾の表現にすぎないことを指摘しているにすぎない（だが、この見解は一般的有効性をもっている）。実際わたしの考えでは、マルクス主義歴史観を階級闘争の存在の確認だけに限定するのは正しくない。貴族とブルジョアジーの敵対はアンシアン・レジームの特徴の一つであって、それは、一八世紀の末になると、生産諸力と生産諸関係とのあいだに対立が発展したために激化するのである。マルクスが歴史の運動の根本法則と考えるところのものを定式化したのは、とくにフランス革命から出発することによってである。一八五九年のテキストにしたがってそれを定式化すれば、つぎのようである。「社会の物質的生産力は、その発展のある段階で、それらがそれまでその内部で運動してきた既存の生産諸関係と、あるいはそれの法律的表現にすぎないものである所有関係と矛盾するようになる。これらの諸関係は、かつてそうであった生産諸力の発展諸形態からその桎梏に一変する。そのときに社会革命の時期が始まる。[11]」

（11）『経済学批判序説』(*Contribution de la critique de l'Economie politique*)（「序言」(Préface) エディション・ソシアル、パリ、一九五七年、四頁〔邦訳『経済学批判』「序言」、『全集』第一三巻、六頁〕）。

3　ところで、マルクスの思想の歩みにおける第三の時機《モメント》としてのフランス革命の研究は、彼をして「政治的解放」と「人間的解放」を区別するにいたらしめる。この問題は、マルクスが一八四四年に『独仏年誌』に寄稿した『ユダヤ人問題〔によせて〕』(*La Question juive*) と題する論文のなかで展開される。ここにその論旨の大意を要約しておく。「政治的解放は、——と、マルクスははっきりと述べている——一方では市民社会の成員への、利己的な独立した個人への、他方では、公民への、法人への人間の還元である。人間的解釈は、人間が自分の固有の力を社会的力として認識し組織し、したがって、その社会的力を政治的力のかたちで自己から切り離さないときに、はじめて完成されることになる。」マルクスは、この結論を二つの人権宣言(一七九一年および一七九三年のそれ)の分析からひき出す。彼は、一七八九年の革命は政治的解放しか実現しなかったと述べている。「公民の権利とは区別された人の権利が、市民社会の成員の権利、すなわち利己的人間の、人間と共同体から切り離された人間の権利にほかならない。」たとえば、自由はこれらの条件のもとではどのように定義すべきか。「それは、どの他人をも害しないすべてのことをしたりやったりできる権利である。各人が他人を害しないで行動できる限界は、ちょうど二つの畑のさかいが垣根によってきめられるように、法律によって規定されている。」所有権とは何か。「それは、任意に、他人にかまわずに、社会から独立に、その資力を収益したり処分したりする権利、つまり利己の権利である。」このあとにマルクスが一七八九年の革命の限界を強調する一連の定式がつづくが、そのうちの二つを書きとめておく。第一の定式――「それは、ブルジョア〔市民〕としての人間であって、真の本来的な人間として考えられたシトワイアン〔公民〕としての人間ではない。」第二の定式――「人間は、所有から解放されたのではない。所有の自由を得たのである。営業の利己主義から解放されたのではない。営業の自由を得たのである。[12]」

(12)『ユダヤ人問題〔によせて〕』(コスト版『哲学著作集』第一巻、一六三―一六四頁〔邦訳『全集』第一巻、四〇七、四〇一、四〇二、同四〇三、四〇六頁〕)。

では、この限界は一体なぜ生じたのか。それは、一七八九年の革命が、その時代の矛盾を解決したとはいえ、当時ブルジョア階級が社会の「普遍的代表」として行動したために、ブルジョア革命でしかなかったし、それ以外のものではあり得なかったからである。ロベスピエールですら、ル・シャプリエ法を廃止できるとは考えたことがなかった。これについては、カール・マルクスが一八六五年一月三〇日付けのエンゲルス宛の手紙のなかで述べている。「プロイセンの団結禁止法は、大陸におけるこの種のすべての法律と同じく、一七九一年六月一四日の憲法制定議会の布告に由来している。フランスのブルジョアは、それによって、その種のものはなんであろうとも、じつにどんな種類の労働者団体をも、それは同職組合の復活であり、憲法の自由と人権とに矛盾するという口実で、非常に厳しく、……処罰している。一七八九年の議会の精神で合憲的であることがギロチンにあたいする犯罪であった時代に、議会のすべての反労働者的な法律がそのまま維持されていたということは、ロベスピエールにとって非常に特徴的なことだ[13]。」

(13) コスト版『マルクス＝エンゲルス書簡集』第八巻、一三一頁〔邦訳『全集』第三一巻、三九頁〕。カール・マルクスは、『資本論』のなかで、ル・シャプリエ法を想い起させながら、「恐怖政治でさえもこれには手を触れなかった」事実をふたたび強調する〔『資本論』エディション・ソシアル、第三巻、一八三頁〔邦訳『全集』第二三巻b、九六八頁〕。

マルクスの分析をさらに深く追究するためには、『聖家族』(*Sainte-Famille*)(一八四五年)のいくつかの箇所を示し、詳細に論評しなければならないであろう。わたしはとくに、ロベスピエールとナポレオンの敗北についてのマルクスの研究を考えている。われわれは、論証のために、『聖家族』と一八四四年のマルクスのもう一つのテキスト、すなわち『論文「プロイセン国王と社会改革」にたいする余白ノート』(*Notes marginales sur l'article《Le Roi de Prusse et la réforme sociale》*(14)と比較することにする。ロベスピエールには、三つの錯覚があった。第一に、ロベスピエールは「社会的欠陥」の真の原因をみぬいていなかった。彼は、「過度の貧困と過大な富のなかに、純粋民主主義の作用を妨げるものを、スパルタ式の倹約心をゆきわたらせたいと思わせるもの」をみていた〔邦訳『全集』第一巻、四三九頁〕。第二に、「フランス革命は政治的理解力の古典時代（であったので）」、ロベスピエールは、「政治の原理」は「意志」である、と思っていた〔邦訳、同所〕。この意志は、国家のなかに具現していた。それは歴史の梃子となり得ていた――これは、マルクスが国民公会議員たちの徳について行なっている解釈である――。この「徳」が、その衝撃が歴史の運動を決定するところの現実の社会的力に、とって代わっていたのである。第三に、古代国家への関説は、ロベスピエールにとっては単に彼の古典教育の代償ではなかった。ロベスピエールには、理想化された古代自体から教えられた生活様式を、徳の名において彼の時代のブルジョア社会に押しつけようとする意志があったのである。「ロベスピエール、サン・ジュストおよび彼らの党が没落したのは、奴隷制の基礎のうえにたった現実的＝民主主義的な古代国家を、ブルジョア社会という近代的形態の奴隷制に基礎づけら

れた精神的＝民主主義的な近代国家と混同したためである。近代の市民社会を、すなわち、一般的競争が支配し、私的利害の支配する産業社会を、自己の自然的・精神的存在を疎外する個人から成る無政府状態の社会を、人権によって承認し、それと同時に、国家を古代ふうに組織することによって個々人にたいしてこの社会の性格そのものに合致した行動をとることを禁止しようと欲することは、なんたる大きな錯覚であろう！　サン・ジュストが、彼の処刑の日に、コンシエルジュリの広間にかかっている大きな人権の掲示板を指して、「だが、あれをつくったのは私なのだ」とほこらしい自負の念をもって述べるとき、この錯覚のすべての悲劇が一挙に立ち現われる。実際この掲示板は、その国民経済的・産業的関係が古代社会のそれでないと同じようにもはや古代国家の人間ではあり得ないところの人間の利益を、宣言していたのである。」〔邦訳『全集』第二巻、一二七―一二八頁〕。

（14）『聖家族』（コスト版『哲学著作集』第二巻および第三巻）。論文「……余白ノート」〔邦訳『論文『プロイセン国王と社会改革――一プロイセン人』にたいする批判的論評〕は、コスト版（『哲学著作集』第五巻、二一三―二一四頁〔邦訳『全集』第一巻、四二九―四四六頁〕）に翻訳されている。しかし、若干の箇所については、オーギュスト・コルニュの翻訳（『カール・マルクスとフランス革命』）を採用した。

国民公会が極貧状態との闘いを企てるときに一挙に生ずるいくつかの錯覚――「国民公会は、一時勇敢にも極貧状態の廃止を命じた。……まず公安委員会に必要な計画と提案の作成を委任してから、また、公安委員会がフランスの貧困状態に関する憲法制定議会のくわしい調査を利用し、バレールをとおして「国民慈善基金」の設置を提案してからであった。国民公会のこの命令の結果ははたしてどうであったか。命令が一つふえ、また、一年後には飢えた織工たちが国民公会を包囲したというだけのことであった。」〔邦訳『全集』第一巻、四三七頁〕。しかしながら、この「意志中心主義的《ヴォロンタリスト》」政策も、歴史の流れを曲げることはできなかった。敗北のロベスピエール、それは、ブルジョア社会の発展なのである。マルクスにおいて往々にしてあるように、彼は歴史の動きを早めようとする。だが、われわれの論証において重要なことは、〔歴史の動きの〕リズムではなくて、マルクスにとってフランス革命は生産力を解放する革命の見本であるという事実である。「執政官政府の統治のもとで、――と、カール・マルクスは書いている――市民社会は、封建的絆から解放され、革命によって公的に承認されて、力強く発展する――たとえその革命が、市民社会を空しくテロリズムによって、古代を模倣した政治生活の犠牲にささげようとしたとしても。企業的精神、致富熱、新生活の陶酔の未曽有の奔出――それは、軽率でかるがるしく無鉄砲なかたちで現われる。土地の解放――その封建的編成は革命のハンマーによってうちくだかれ、その耕作は新所有者によって熱烈に進められる。種々の枷から自由になった産業の発展。以上が、新しい市民社会の主たる徴候である。支配するのはブルジョアジーであり、ブルジョアジーがその支配を始める。かくして人権は、単に理論のうちにだけ存在するものではなくなる。」〔邦訳『全集』第二巻、一二八頁〕。

マルクスにとっては、一七八九年の革命がブルジョア革命であったということが、彼がナポレオンの敗北とよぶところのものをも説明する。マルクスはふたたび、今日よく通用している解釈を展開する。だがそれは、一八四五年のことである。ナポレオン体制のうちには一つの矛盾が存在する。彼は一方で、ブルジョアジーに奉仕する。が他方で彼は、彼独自の目的を追求し、そしてこの目的のなかで、国家を自己目的と考えるにいたる。このためにブルジョアジーは、やがて帝政が彼らの利害と対立するようになると、ナポレオンを見放すにいたるであろう。

恐らく、――それにはわたしも同意する――これらの考察のいくつかはまだヘーゲル的用語を十分に洗いおとしてはいないであろう。つぎの言葉は、――フランス革命についてマルクスもまた行なう政治革命と社会革命の区別と同様――ひとびとを驚かすかも知れない。「政治革命は、その制限され矛盾した性質により、社会の全体を犠牲にして、社会のなかに一つの特殊な階級の支配を組織することができるだけである。……社会革命は、人間の人間生活にたいする抗議であるがゆえに、人間の全面的解放の視点に座を占める。」〔邦訳『全集』第一巻、四四六頁。ただし、フランス語引用文と邦訳とはかなり異なる〕。

われわれは、ともすれば具体的な歴史にたいする関心から、哲学的な言葉を疑いがちである。けれども、まず第一にマルクスのこれらの著作には、本当に一七八九―一八一五年の時期についての深い理解がみられないであろうか。またこれらの著作は、本当にマルクスの思想の進歩を証言してはいないだろうか。まさに一つの現実的経験であったがゆえに、フランス革命の根本的にブルジョア的な性質が、歴史を導きそれに意味を与える力の働きを洞察することをマルクスに可能にしたのである。

4　さてつぎに、マルクスの思想の発展のなかにわれわれが区別する第四のそして最後の時機《モメント》をみてみよう。マルクスは、フランス革命における人民大衆の役割についてどう考えていたであろうか。わたしが先に引用した言葉から知られるように、マルクスはとくにこの問題に熱心になっていた。最初彼にとって、人民大衆の役割は決定的であったようにみえる。「フランスでは恐怖政治は、——と、彼は一八四七年に書いている——その強力な打撃によって、封建制の廃墟をフランスの土地からいわば呪文で追いはらうのにだけ役立たなければならなかった。臆病できわめて妥協的なブルジョアジーは、何十年かかってもこの仕事を完成できなかったであろう。だから、民衆の血なまぐさい参加だけが、彼らの道をひらいてやったのである。[15]」

（15）『道徳的批判と批判的道徳』(*La critique moralisante et la morale crlticisante*)（『ブリュッセル・ドイツ語新聞』(*Deutsche Brüsseler Zeitung*) ブリュッセル、一八四七年一〇—一一月〔一八四七年一〇月二八日付け第八六号〕)。コスト版『哲学著作集』第三巻、一三一頁に翻訳〔邦訳『全集』第四巻、三五六頁〕。

一八四八年一二月の『新ライン新聞』(*La Nouvelle Gazette Rhénane*) でマルクスは同じ考えをふたたび述べる。「フランスの恐怖政治の全体は、小ブルジョアジーの敵である絶対主義や封建制度や小ブルジョア精神をかたづける平民的なやり方にほかならなかった。」〔邦訳『全集』第六巻、一〇三頁〕。

わたしは、ジョレス（Jaurès）がこれらの文章を知っていたとは思わないが、フランス革命における人民大衆について語りながらつぎのような言葉で結論するとき、彼は〔マルクスと〕同じ議論に遭遇しているのである。「ブルジョアジー自身に属するものはこの天下に何一つない。その革命すらも！」

これらの人民大衆とは何か。「無産大衆」である、とエンゲルスはいっている。もしパリだけをとり、またアルベール・ソブールの研究を参照するならば、その定義は不正確である。この定義は、都市の人民大衆の一部にあてはまるにすぎない。だが、エンゲルスが「プロレタリアートは新しい階級の根幹としてこの無産大衆からようやく分離しはじめていた(16)」とはっきり述べるとき、彼はその分析の歩をさらに進めるのである。

（16）F・エンゲルス『反デューリング論』（前掲版、二九六頁〔邦訳『全集』第二〇巻、二六七頁〕）。

しかし、バブーフ主義とともに、「実際に活動する共産主義政党の最初の出現(17)」（マルクスからの引用）がみられるのは、その時である。マルクスは、もう一つの著作で今一度一般的な性格をもった見解を定式化することによって、バブーフ主義のいわば先見的性格を強調する。つぎの文章はよく知られているが、ここに引用しておかなければならない。というのは、そうしないと画龍点睛を欠くように思われるからである。「フランス革命は、古い事態の理念を越えでるところの理念を生みだした。一七八九年に社会クラブにはじまり、その途上でルクレルクとルーをそのおもな代表者とし、ついにバブーフの陰謀によって一時敗北した革命運動は、共産主義理念を生みだした。この理念をバブーフの友人ブオナロッチが、一八三〇年革命のうちに、ふたたびフランスにひきいれた。この理念は、その論理的帰結にまで高められるとき、新しい事態の理念となる。[18]」

(17) この文章は、完全に引用しておかなければならない。「実際に活動する共産主義政党の最初の出現は、立憲君主制がとりのぞかれた瞬間に、ブルジョア革命の内部にみられる。もっとも首尾一貫した共和主義者――イギリスでは平等主義者、フランスではバブーフ、ブオナロッチなど――は、この社会問題」(われわれの主題には関係のないそれ以前の発展を指す――ジャン・ブリュア)を宣言した最初の人である。彼の友人であり同じ党員であるブオナロッチが書いた『バブーフの陰謀』は、これらの共和主義者が、君主制か共和制かという政治問題が解決されてもなお、プロレタリアートの意味での「社会問題はなにひとつ」解決されないという洞察を、どのように「運動」からくみとったかを示している。(『道徳的批判……』コスト版『哲学著作集』第三巻、一三四頁〔邦訳『全集』第四巻、三五八頁〕)。

(18) カール・マルクス『聖家族』(『哲学著作集』第二巻、二一三頁〔邦訳『全集』第二巻、一一二四頁〕)。これはまた、F・エンゲルスの見解でもある。庶民たちが望んでいたことを、「コミューン(山岳党コミューンのこと——ジャン・ブリュア)瓦解後ひさしく誰もいうことができなかった。もし、友愛の熱望をもったこのコミューンの出現が早すぎたとすれば、バブーフの出現は遅すぎたのである。」(一八八九年二月二〇日付けカウツキー宛書簡。『フランス革命史年誌』一九三五年一—二月号、四九頁にフランス語で発表)。他方、同じ時期にカウツキーは、すでに読者の注意を促しておいた「一七八九年のフランスにおける階級対立」についての彼の研究『一七八九年の階級対立——大革命百年記念にあたって——』(*Die Klassengegensätze von 1789 zum hundertjährigen Gedenktag des grossen Revolution*)を小冊子のかたちで出版する。カール・カウツキーの注《ノート》(フランス語訳、九六頁〔邦訳、堀江英一/山口和男訳『フランス革命時代における階級対立』岩波文庫、一九五四年、九二頁〕)は、フリードリヒ・エンゲルスがフランス革命によって提起された諸問題をひきつづき研究していることをわれわれに証明している。カウツキーは、一八七九年にモスクワで出されたカレイエフの著作『一八世紀の最後の四分の一期におけるフランスの農民および農民問題』(*Les paysans et la question paysanne en France dans le dernier quart du* XVIII *siècle*)にふれて、「われわれの友人F・エンゲルスのお蔭で利用できるようになった数箇所を翻訳しておく。」〔邦訳、同右、九二頁〕と、つけ加えている。

それゆえわたしは、第一のテーマ〔フランス革命の研究は史的唯物論の構築に寄与したか〕に関しては、肯定的に結論する。然り、——フランス革命の研究は唯物論的・弁証法的歴史観の構築に寄与した、と。階級闘争、歴史の主役たちが自分自身にたいして抱く錯覚、生産力の発展と生産関係とのあいだの矛盾、イデオロギーの発生、二つの基本階級の対立に限定されず二次的階級の動きをも誘いこむ階級闘争の複雑さ——こうした多くの諸問題がフランス革命によってマルクスの注視するところとなった。カール・マルクスは、この経験から出発することによって、史的唯物論とよばれるところのものをかたちづくるより一般的な性質をもつ一組の諸命題にまで自己を高めたのである。もちろん、史的唯物論には他の多くの源泉がある。しかし、フランス革命はその源泉の一つである。そしてこの意味においてマルクスは、フランス革命史家の集りのなかにその位置を占めているのである。わたしは、われわれの思考を誘発し研究の方向を示すのをやめなかった一八四三年のエンゲルスのつぎの言葉を思う——「フランス革命は、二つの形態を生みだした。ナポレオンは、第一のもの〔本来の奴隷制すなわちむきだしの専制〕を、バブーフは、第二のもの〔本当の自由および本当の平等、すなわち共産主義〕を……。[19]」

（19）フリードリヒ・エンゲルス「大陸における社会改革の進展」（*Fortschritte der Sozial Reform auf dem Kontinent*）『ニュー・モラル・ワールド』（*The New Moral World*）一八四三年一一月四日付け、一九号（カール・マルクス＝フリードリヒ・エンゲルス『著作集』第一巻、ベルリン、一九五六年、四八一頁に再録〔邦訳『全集』第一巻、五二四頁〕）。同じ論文で、エンゲルスは、一八三〇年の革命から、いかにフランスで「新しい、もっと強力な共産主義」が現われたかを、示している。共和主義的労働者たちは、「フランス革命の歴史に立ち戻り、その途上で、バブーフの共産主義を熱心にとらえた。」（同右、四八五—四八六頁（邦訳、同右、五二八頁））。

第五章

第二のテーマ——フランス革命はどの程度マルクスにとって革命理論の構築と革命実践のための手本であったか——は、フランス革命の影響の歴史以上にマルクス主義の歴史に関係している。

それゆえわたしは、最も重要と思われそのおのおのが他方でより精緻な研究を生むに違いない四つの系列の問題に限定したい。

1　フランス革命は、マルクスおよびエンゲルスにとって、徹底的に闘いぬかれた革命の典型であった。それは、二つの理由でそうであった。第一の理由は、フランス革命は「宗教的外衣を完全に」なげすてて、「そのすべての闘いをあからさまな政治の分野で」[1]行なった、ということである。また、第二の理由は、「フランスは、大革命で封建制度を粉砕し、ブルジョアジーの支配に、ヨーロッパの他のどの国にもみられないほど典型的な純粋さを与えた[2]」、ということである。

（1）フリードリヒ・エンゲルス『空想的社会主義と科学的社会主義』（*Socialisme utopique et socialisme scientifique*）英語版への序論。著作集『宗教について』の翻訳にしたがって引用する（二九八頁〔邦訳『全集』第二二巻、三〇八頁〕）。エンゲルスはつづけている――。「フランス革命は、過去の伝統との完全な絶縁をなしとげた。それは、封建制の最後の痕跡までも一掃し、古代ローマ法の近代資本主義の諸条件へのみごとな適用を、『民法典』としてつくりだした。それは、マルクスが商品生産とよんだ経済発展段階に照応する法関係をほとんど完全に表現したものである。これは非常にみごとに適用されたので、このフランス革命法典は、いまでも他のすべての諸国で所有権法を改正するさいの模範として役立っているのであり、イギリスもその例外ではない。」

（2）フリードリヒ・エンゲルス『ブリュメール一八日』ドイツ語第三版への序文（一八八五年）、エディション・ソシアル、一六九頁〔邦訳『全集』第二一巻、二五四頁〕。

したがって、その典型的な純粋さのゆえに、フランス革命は手本なのである。そしてそれはまた、連続革命の見本でもある。それゆえマルクスは、一八四八年の危機のあいだ、一八四八年のドイツブルジョアジーと一八世紀末のフランスブルジョアジーとの比較に文字どおりとりつかれるのである[3]。一八四八年一二月に『新ライン新聞』に発表された諸論文が問題であり、それらの重要性はJ・ドロによって指摘された。ここにいくつかの章句を引用しておく〔だが、同様に特徴的な他の章句をみつけることも可能であろう）。「プロイセンの三月革命を、一六四八年のイギリス革命とも、一七八九年のフランス革命とも混同してはならない。⑷一六四八年にはブルジョアジーは、近代的貴族と結んで、王権、封建貴族ならびに支配的教会と闘った。一七八九年にはブルジョアジーは、人民と結んで、王権、貴族ならびに支配的教会と闘った。……一六四八年と一七八九年の革命は、けっしてイギリスの革命、フランスの革命ではなかった。それらは、ヨーロッパ的な規模の革命であった。それらは、ある特定の社会階級が古い社会秩序に勝利したというようなものではなかった。それらは、新しいヨーロッパ社会のための政治秩序を宣言したものであった。それらの革命で勝利したのはブルジョアジーであったが、その当時には、ブルジョアジーの勝利はとりもなおさず新しい社会秩序の勝利であった。封建的所有にたいするブルジョア的所有の、地方主義にたいする国民性の、同職組合にたいする競争の、長子相続制にたいする財産分配の、土地が所有者を支配することにたいする土地所有者の、迷信にたいする啓蒙の、家名にたいする家族の、勇壮なのらくら生活にたいする勤勉の、中世的特権にたいする市民権の、勝利であった。一六四八年の革命は、一六世紀にたいする一七世紀の勝利であり、一七八九年の革命は、一七世紀にたいする一八世紀の勝利であった。

この二つの革命は、それが起った当の世界の部分、すなわち、イギリスとかフランスとかの必要よりも、むしろ当時の世界の必要を表現していた。……[5]」

（3）一八四八—一八四九年におけるケルンの政治的風土を他の点で全般的に特徴づける山岳党ジャコバン主義への回想。一八四九年二月二八日付け『新ライン新聞』には、二月二四日に、一八四八年のパリでの闘争一周年を記念して民主的な祝宴が開かれたことが書かれている。葉巻労働者のレーザー（Röser）は、「ロベスピエール、サン・ジュスト、マラーその他一七九三年の英雄たちを記念して」乾杯の言葉を述べた〔邦訳『全集』第六巻、五六六頁〕。ヘーゲルもまたその『歴史哲学』のなかで、フランス革命がドイツにおよぼした影響を強調している。——それは、帝国の仮面を剝ぎ、その帝国は独立の諸国に分裂してしまった。財産と人格との自由の原理が根本原理となった。いかなる市民も官途に就くことができるようになった〔邦訳、武市健人訳『歴史哲学』下巻、岩波文庫、一九七一年、二〇五頁〕。

一八五〇年四月に、マルクスとエンゲルスは、ロンドンでのロベスピエール生誕記念の祝宴に参加した（カール・マルクス『年譜』八八頁）。

（4）イギリス革命とフランス革命両者の比較は、マルクスおよびエンゲルスがしばしば考察するテーマである。一八四四年に、エンゲルスは、これら二つの革命のリズムはけっして同じではない、と述べている。しかし彼は、つぎのようにつけ加えている。「クロムウェルは、ロベスピエールとナポレオンを一人で兼ねており、ジロンド党、山岳党、バブーフ派に対応するものは、それぞれ長老派、独立派ならびに水平派（Levellers）である。」（『フォールヴェルツ』一八四四年八月三一日付け第七〇号所載、「イギリスの状態」（*Die Lage Englands*）。カール・マルクス＝フリードリヒ・エンゲルス『著作集』ベルリン、一九五六年、第一巻、五五四頁〔邦訳『全集』第一巻、六〇八頁〕）。カール・

マルクスがこれら二つの革命の比較をさらに進めるのは、ギゾーの研究『イギリス革命はなぜ成功したか』(*Pourquoi la Révolution d'Angleterre a-t-elle Réussi?*)(パリ、一八五〇年)にたいする批判的書評においてである(『新ライン新聞』の記事――「書評」一八五〇年三月二日。マルクス＝エンゲルス『著作集』第七巻、ベルリン、一九六〇年、二〇七―二一二頁に再録〔邦訳『全集』第七巻、二一三―二一八頁。――ジャン・ブリュアは、この「書評」の日付けを「一八五〇年三月二日」としているが、「一八五〇年二月」の誤りではなかろうか〕)。わたしが一七八九年について試みたことは、クリストファー・ヒル(Christopher Hill)(「マルクスおよびエンゲルスの解釈によるイギリスの内乱」(*The English Civil War interpreted by Marx and Engels*)『サイエンス・アンド・ソサイアティ』(*Science and Society*)一九四八年第一号、一三〇―一五六頁)によって、一七世紀のイギリス革命について行なわれた。しかし、観点が若干異っている。というのは、わたしは、マルクスがフランス革命について行なった解釈にではなく、この革命が彼の思想形成におよぼした影響に注目しているのであるから。

(5)『ルヴュ・ソシアリスト』一九四八年五月号、四五七―四五八頁におけるマクシミリアン・リュベルの翻訳を利用する〔邦訳『全集』第六巻、一〇二―一〇三頁〕。エディション・ソシアルは、『新ライン新聞』に載ったマルクスおよびエンゲルスの論文の翻訳を引き受けた。その第一巻(一八四八年六月一日―九月五日)は、一九六四年に出た。

それだけではない。マルクスはそのうえ、フランス革命のリズムを分析した。革命が「上向線」をたどるのは一七九四年までである。この上向線を説明するものは、運動に動員された大衆の多様性のなかに存している。それは、マルクスの表現を借りるならば、「社会は長い二日酔（katzenjammer）にとりつかれてしまい、そうしてからはじめて、しらふで、疾風怒濤の時期の成果を消化することができた」[6]ほどそれほど急速な革命であったのである。

（6）『……ブリュメール一八日』（エディション・ソシアル、一七六頁。訳文に若干の変更を加えた〔邦訳『全集』第八巻、一一一頁〕）。

前進しない革命は後退する。これは、マルクスがフランス革命の研究からひきだした結論である。彼はこの結論を、一八四八―一八五〇年の時期の新しい諸条件のなかに移す。一八五〇年には、彼はまだ革命の近い復活の見通しを信じている。もはやブルジョアジーをあてにしてはならないし、小ブルジョアジーすらあてにしてはならない。「民主主義者を強制して〔既存の社会制度に〕侵害を加えさせ」、「民主主義者の提議を極端にまでおしすすめ」させるのは、労働者の任務である。「彼らの闘《とき》の声はこうでなければならない――永続革命！と。」[7]

（7）『共産主義者同盟中央委員会の呼びかけ』一八五〇年三月（コスト版『ケルン法廷陪審員の前に立つカール・マルクス』二四九頁〔邦訳『一八五〇年三月の中央委員会の同盟者への呼びかけ』『全集』第七巻、二五八―二五九頁〕）。

一七八九年および一八四八年の両革命に関するマルクスの叙述の批判的検討から、われわれは、一七八九―一七九九年の経験は、ブルジョア民主主義革命――一七八九年の革命はその手本であった――についてのマルクス主義理論、ついではレーニン主義理論の構築に寄与した、と考えることができる。しかし、新しい歴史的状況のもとで、プロレタリアートを恐れてブルジョアジーが中断しようと望むこの民主主義革命をその極限にまで導くのは、結局プロレタリアートなのである。

2　一七八九年の革命とその延長である執政官政治ならびに帝政は、国家の問題を解明し、絶対理念の実現というまったくヘーゲル的な国家観から脱却することをマルクスに可能にした。彼には、その目的と形態とをもつ国家は生産諸関係と緊密に結びついているように思われたし、また、何度もその考えに立戻るのである。カール・マルクスは、『フランスにおける内乱』のなかで、フランスにおいては官僚制をともなう国家権力の最初の表現は絶対君主制とともに認められた、と述べている。だが彼は、つぎのようにつけ加えている――「とはいえ、この〔国家権力の〕発展は、あらゆる種類の中世的ながらくた、すなわち、領主・貴族権や地方的特権や都市およびギルドの独占や、地方的法制によって妨げられていた。一八世紀のフランス革命の巨大な箒《ほうき》は、過ぎさった時代のこれらの遺物をことごとく一掃し、こうして同時に、社会の土壌から、近代的な国家構築物という上部構造の成立を妨げていた最後の障害物を取り除いた。」「この近代国家」が築きあげられたのは、第一帝政のもとにおいてであった。(8)

(8) カール・マルクス『フランスにおける内乱』(エディション・ソシアル、パリ、一五〇一年、五九頁〔邦訳『全集』第一七巻、三一二—三一三頁〕)。

しかし、マルクスの思想を図式化しない方がよい。実際マルクスは、一七八九—一八一五年の時期にふれて、二つの興味ある指摘を行なっている。最初の指摘というのは、まさしくフランス革命から社会に優越する国家という一種の神秘説《ミスチーク》がつくりだされた、ということである。公表を予定しなかった一文章のなかで、マルクスは実際つぎのような分析を行なっている。「国民的統一をうちたてること(民族国家を創設すること)を任務とする第一次フランス革命は、地方、地域、都市、州の独立性をすべてうち砕かなければならなかった。したがってそれは、絶対君主制が始めた仕事、国家権力の中央集権化と組織化をさらに発展させ、国家権力の管轄範囲と属性、その道具の数、その独立性、現実の社会にたいするその超自然的な支配——聖徒たちをともなう中世の超自然的な天国に事実上とって代わる支配——を、拡大せざるを得なかった。社会諸集団の関連から生まれてくる小さな個別的利益の一つ一つが、社会そのものから切り離され、固定され、社会から独立のものとされ、そして、厳密に規定された位階制的な機能を果たす国家司祭たちによって管理される国家的利益《レゾン・デタ》という形態で、社会に対立させられた。(9)」

（9）カール・マルクス『フランスにおける内乱』第一草稿、エディション・ソシアル、二一〇頁〔邦訳『全集』第一七巻、五一〇—五一一頁〕。

もう一つの指摘は、帝政国家の問題に関するものである。われわれは、階級闘争を論ずる際にそれに手っ取り早くふれておいた。だが、国家理論を仔細に究明するためにはふたたびそれに立ち戻らなければならない。「ナポレオンは、——と、マルクスは書いている——近代国家について正しい洞察をもっていた。彼は、それが市民社会と私的利害の自由な運動をその基礎としていることを知っていた。それゆえ彼は、この基礎を認め、かつ、まもろうと決心した。」しかし、ブルジョアジーの目的とナポレオンが何が何でも国家を「自己目的」と考えたこととのあいだには矛盾があった。このことからマルクスは、ブルジョアジーの反対を「ナポレオン失脚の諸原因の一つ」と考え、この観点（国家の観点）からみるとき、本質的に違ったかたちにおいてではあるがブルジョアジーが一七八九年の願望を実現したのは一八三〇年である、と断言するのである。「彼らの政治的啓蒙が完了したとき、自由主義ブルジョアジーは、もはや立憲的代議制国家のうちに国家の理念をみず、また、それを実現することによって世界の救済や一般的・人間的目的を追求しようとはもはや考えない。むしろ逆にブルジョアジーは、国家のうちに、彼らの排他的権力の公的表現と彼らの特殊的利害の政治的承認を認めたのである。」これらの文章は、『聖家族』のなかにある。[10] だからそれは、一八四五年のものである。恐らく他の諸経験が、すなわち、一八四八年と一八七一年のそれが、政治的考察に新たな資料をもたらすであろう。だが出発点には、一七八九年の革命があるのである。[11]

(10) カール・マルクス『聖家族』（コスト版『哲学著作集』第二巻、二二〇―二二二頁〔邦訳『全集』第二巻、一二九頁〕）。

(11) マクシミリアン・リュベルは、マルクスが国家について書こうと意図していた研究のシェーマを強調しているが、その研究の跡は、一八四四―一八四七年のノート綴りのなかに見出される。マルクスは、この研究の冒頭に「近代国家発生の歴史、または、フランス革命」と書いているので、ここにおいてもまた、彼は一七八九年のフランス革命から出発していたように思われる（マクシミリアン・リュベル『カール・マルクス、知的伝記の試み』（*Karl Marx, essai de biographie intellec-*

tuelle）一六四頁）。

3　（すでにわたしがいくつかの読書ノートの分析において示したところであるが）われわれは、マルクスが立法議会から国民公会にいたる過渡期の権力機構に与えている重要性に驚かされる。なぜなら、実際彼はそこにおいてもまた、手本の研究を行なっているからである。すなわち彼は、プロレタリア革命から社会主義の建設にいたるあのもう一つの過渡期を考えているのである。

「プロレタリアートの独裁」という表現は、一八四八年の『共産党宣言』にはまだ現われてこない。だがわれわれはそこで、マルクスの政治理論の本質的な問題にふれるのである。われわれは、まったく当然にも、つぎのようなしばしば行なわれた質問をしたくなる。すなわち、プロレタリアート独裁の必然性に関するマルクス主義的命題の構築に際しての山岳党独裁の実践の役割はいかなるものであったか、と。この点については、マルクスがその実践に負うところのものを、バブーフ主義および新バブーフ主義にまでひき戻さなければならない。クロード・マゾリックが、「バブーフの重大な影響というのは、勝利のあとに臨時の独裁をうちたてるという考えを人民革命に与えたことであるようにみえる」と書いているのは正しい[12]。わたしは、バブーフにおけると同様マルクスにも、必然的に中央集権化されるこの独裁を、人民大衆に直接発するすべての制度的下部構造のうえに基礎づけようとする考慮がみられることを、つけ加えておきたい。国民公会と人民の結社――カール・マルクスは、一八七一年のパリ・コンミューン以前においては、一七九三―一七九四年の時期のフランス革命が与えることこの手本にふみとどまっているように感じられる。わたしは、すでに非常に豊かになったこの文献の集りに一組の資料だけをつけ加えたい。それもまた、一八四八―一八五〇年の時期に関するものである。一八四八年一一月一八日にラインランドでマルクスによって行なわれたよびかけや、一八五〇年三月の共産主義者同盟中央委員会の回状[13]のなかで革命的労働者たちがつくりださねばならない諸制度を指示するためにマルクスが用いる用語、すなわち、公安委員会、革命的市町村議会、〔労働者〕クラブ、労働者たちの選出した指揮者をもつ独自のプロレタリア国民軍、労働者委員会といった用語にわれわれは驚かされる。それらは、一七九三年の用語なのである（それに「労働者」とか「プロレタリア」とかいう言葉がつけ加わっている）！　単なる模倣であろうか。そうは思われない。マルクスにとっては、一七九三―一七九四年の経験は、二つの特徴を、すなわち、立法機関の独裁〔国民公会、公安委員会、派遣代議員等〕と直接民主制〔人民の結社〕を表わしている。マルクスは、これら二つの特徴の緊密な結びつきを明らかにしている。すべての過渡期は権力の中央集権化を含むが、社会主義への移行が問題となるときには、この権力の中央集権化はぜひとも人民の支持を必要とするのである。

(12) クロード・マゾリック『バブーフと平等のための陰謀』二三六頁。
(13) テキストは、『ケルン法廷陪審員の前に立つカール・マルクス』のなかに翻訳されている（コスト版「一八四八年一一月一八〔訳者注―一九?〕日の呼びかけ」一一三―一一四頁〔邦訳『全集』第六巻、三二一―三二三頁〕）。「一八五〇年三月の共産主義者同盟の回状」一三一―一四九頁〔邦訳『全集』第七巻、二四九―二五九頁〕）。

マルクス主義的プロレタリア政党観がフランス革命に負うところのものも、この種の思想のうちに探しださねばならないであろう。恐らく、その〔政党の〕社会的内容〔プロレタリア的特徴〕は一九世紀および二〇世紀に固有のものであろう。しかしその組織に関しては、単に「平等者の陰謀」にばかりでなくジャコバン党員にまでもさかのぼることは興味深いであろう――もちろんこの遺産については、批判的検討を行ない、情況的なものをすてて永続的なものを、いうなれば「適用可能なもの」を残さなければならない。

一八四八年二月、ブリュッセルでの一八四六年ポーランド革命二周年記念祭のとき、マルクスとエンゲルスは演説を行なう。彼らは、ジャコバン主義と共産主義という同一のテーマを展開する。「歴史には、――と、マルクスは言明する――驚くほどの類似点がある。一七九三年のジャコバン党員は今日の共産主義者となった。一七九三年、ロシア、オーストリア、プロイセンがポーランドをたがいに分割したとき、この三国は、一七九一年の憲法をさらしものにした。この憲法は、そのジャコバン的原理のゆえに、全員一致で非とされてしまった。」かつてジャコバン党員とよんでいた者を今日ではひとは「共産主義者とよぶ[14]」、とエンゲルスは言明している。

(14) MEGA, 第一巻、四〇九―四一一頁〔邦訳『全集』第四巻、五三四頁〕。このことは、レーニンがしばしばジャコバン党員に言及する理由の一つである。「ジャコバン党の先例は、教訓に富んでいる。それは、こんにちもなお古くなっていない。ただこの例を、二〇世紀の革命的諸階級、労働者と半プロレタリアに適用しなければならない。」(一九一七年六月二〇日付け『プラウダ』(*Pravda*)、『全集』第二五巻、五四頁〔邦訳『レーニン全集』第二五巻、四九頁〕)。レーニンはまた、「いかなる党も、一七九三年のジャコバン派をまねすることをみずから禁じてはならない」と考え、「真のジャコバン派、一七九三年のジャコバン派の歴史的偉大さは、彼らが「人民とともにあるジャコバン派」、彼らの時代の前衛たる革命的多数者とともにあるジャコバン派だったことにある。」と述べている

（『プラウダ』、『全集』第二四巻、五五〇―五五一頁〔邦訳『レーニン全集』第二四巻、五六五頁。訳者注―引用文にしたがって若干訳文を改めた〕）。

4　フランス革命の経験についての考察は、革命の情況というものはすべて複雑であることをマルクスに示す。それは、客観的要素、主観的要素ならびに情況的要素とよばれるものを含んでいる。

客観的要素は、生産力水準と生産力が生産関係のなかでぶつかる障害物とのなかに同時に存している。「一つの社会構成体は、それが生産諸力にとって十分の余地をもち、この生産諸力がすべて発展しきるまでは、けっして消滅するものではなく、新しい、さらに高度の生産諸関係は、その物質的存在条件が古い社会自体の胎内で孵化し終るまでは、けっして古いものにとって代わることはない。[15]」

（15）『経済学批判』へのカール・マルクスの「序言」（エディション・ソシアル、五頁〔邦訳『全集』第一三巻、七頁〕）。しかし、この物質的基礎の観念は、マルクスのうちに非常に早くから現われる。「およそ革命には、受動的な要素が、物質的な基礎が必要なのである。」（『法哲学批判序説』「序論」コスト版『哲学著作集』第一巻、九一頁〔邦訳『全集』第一巻、四二三頁〕）。「全体的転覆の物質的諸要素は、一方では生産力であり、他方では革命的大衆の形成――つまり、たんに従来の社会の個々の諸条件にたいしてのみならず、従来の「生の生産」そのものに反逆し、社会の土台となっていた「総活動」をひっくりかえすような革命的大衆の形成——である。こうした条件が存在していない場合には、たとえこの転覆の思想がいく度唱えられたにせよ、実践的展開にとってはまったくかかわりのないことである。」（カール・マルクス＝フリードリヒ・エンゲルス『ドイツ・イデオロギー』第一部、「フォイエルバッハ」エディション・ソシアル、一九五三年、三〇—三一頁（邦訳『全集』第三巻、三四頁））。

主観的要素は、きわめて多様である——征服しつつあるイデオロギー（「フランスできたるべき強力な革命のために人心を啓発した偉大な人物たちは、自分でもきわめて革命的にふるまった。彼らは、いかなる既存の権威も認めなかった。」[16]）、上昇階級受入れ組織の根本的変化の必要性のしるしとしての集団意識。

（16）フリードリヒ・エンゲルス『反デューリング論のための手稿。準備労作』（*Manuscrits pour l'Anti-Dühring. Travaux préliminaires*）（エディション・ソシアル、一九五〇年、三九〇頁（邦訳なし。ただし、『反デューリング論』「序説」に同様の表現がみられる。『全集』第二〇巻、一六頁））。エンゲルスは同じテキストで、「生存する知的物質」が存在するが、「一八世紀の偉大な思想家たちは、彼らの時代が彼らに据えた障壁を突破することができなかった。」（『全集』第二〇巻、一七頁）と、述べている。

情況的要素はさまざまでありうる——経済恐慌、金融恐慌、戦争の情況。

マルクスの目には、これらの三つの要素は一七八九年のフランスにおいて結びついていた。したがって、このフランス革命を一つの「手本」と考えることは、あとからつけ加えられた理由である。このことはまた、マルクスが少数者の陰謀の実行をたえず拒否する理由の一つでもある。もっぱら主観的要素にしか支えられない社会主義は、主意主義的社会主義でしかあり得ない。　ここから、一方でのカール・マルクスと他方でのワイトリング、すなわち新バブーフ主義と若干のブランキ主義的傾向とのあいだの論争の重要性が生ずる。社会主義が、空想的社会主義とは逆に科学となるためには、堅固な基礎が、現実の地盤が必要である。これらの基礎の一つは歴史によって築かれる。マルクスの著作を注意深く検討するとき、フランス革命の経験は、この観点からみて、決定的な役割を演じたように思われる。

終章

この論文で検討を始めた問題は、非常に中味の豊かな問題であるので、これらのわずかの紙幅で決定的な結論に達することはできない。多くの問題が検討されなかった[1]。また、他の問題の取扱い方はきわめて表面的であった。しかしながら、たとえきわめて不完全でもわれわれがここに示した引用やそこからひきだすことができると信じたいくつかの考えは、フランス革命がマルクス主義の源泉の一つであったことを証明しているように思われる。「思想の源泉」とよばれるものが問題なのではない。この観点からするならば、マルクスは、革命を準備するのに寄与した思想（啓蒙哲学）と革命がその進展の過程のなかで生ぜしめた思想（バブーフ主義）しか――しかもある程度しか――受けついでいないであろう。そうではなくて、一七八九年のフランス革命は、歴史的経験として、すなわち、マルクスが研究し得た近代の最も大きな歴史的経験として、マルクス主義の一源泉となっているのである。それは、まったく身近かなものであった。そのためにマルクスは、資料の分析だけにとどまることができなかった。彼は、生き残りのひとびとともに生活し、遺物にもとづいて評価することができたのである。

(1) わたしは、フランス革命の軍事的経験に関するすべての事柄を故意にほうっておいた。それにもかかわらず、というべきか、リープクネヒト (W.Liebknecht) は、その『回想録』(*Souvenirs*) のなかで、「もし革命がエンゲルスの生存中になしとげられるならば、われわれは、彼のなかに、われわれのカルノー (Carnot) を、すなわち、軍事思想家でわれわれの軍隊と勝利の組織者をもつであろう。」と記している(『マルクスおよびエンゲルスについての回想録』(*Souvenirs sur Marx et Engels*) 外国語版、モスクワ、一四五頁)。事実エンゲルスは、とくに『反デューリング論』のなかで、フランス革命ならびに帝政の戦争と軍隊についての言及を増していた。とくに、「物質的原因から説明された歩兵の戦術、一七〇〇—一八七〇年)」(*Tactique de l'infanterie, déduite des causes matérielles, 1700-1870*)、『反デューリング論のための手稿』エディション・ソシアル、四三七—四四二頁〔邦訳『全集』第二〇巻、四四—六五〇頁〕を参照。フランス革命は、この領域においても、一つの手本を、すなわち、その動因が政治的であるような軍隊をつくりだした。「いったいだれが、フランス革命のさいに軍隊に規律をもたらしたのか。それは、将軍たちではなかった。彼らは、革命におけるいくつかの勝利ののちにはじめて即製の軍隊のあいだで勢力と権威をもつようになるのだ。彼らだけでなく、内政の恐怖《テルール》、市民暴力こそが規律をもたらしたのだ。」(一八五一年九月二六日付けマルクス宛エンゲルス書簡、コスト版『マルクス=エンゲルス書簡集』第二巻、二二八頁〔邦訳『全集』第二七巻、三〇二頁〕)。

カール・マルクスの思想形成にたいするこのフランス革命の影響が全体のなかにふたたび位置づけられなければならないこと、また、それに過度の位置づけが与えられてはならないことは、もちろんのことである。しかし、この影響についてじっくり考え、わたしが行なおうとしたように分析のためにそれだけを切り離してみると、それは、排他的ではないにしても少なくとも根本的であるようにみえる。レーニンを引用したときすでに想い起させておいたが、〔当時〕ドイツの古典哲学、イギリスの政治経済学、フランスの空想的社会主義が存在していた。しかし、これらの三つの源泉自体歴史の与件であることを想い出すべきであろう。だが直接の歴史的影響（いわばイデオロギー的継承のない）だけに限るならば、二つの系列の「事件」、すなわち、イギリスの産業革命とフランス革命が決定的であるようにみえる。わたしはフランス革命だけに限ったが、イギリスの産業革命について同種の研究をつづけることは興味あることであろう。

いずれにしても、マルクスが一八四四年にフランスのプロレタリアートを政治的プロレタリアートとして考えるのは、なかんずく、フランス革命（「政治的理解力の古典時代」）の経験によるものである。「ちょうど、イギリスのプロレタリアートがヨーロッパ・プロレタリアートの経済学者（sein National ökonom）であり、フランスのプロレタリアートがその政治家（sein Politiker）であるのと同じように、ドイツのプロレタリアートはその理論家（der Theoretiker）であることをわれわれは認めなければならない」と、彼は書いている。[2]

（2）『……余白ノート』（「論文『プロイセン国王と社会改革――一プロイセン人』にたいする批判的論評」カール・マルクス＝フリードリヒ・エンゲルス『著作集』（*Werke*）第一巻、四〇五頁〔邦訳『全集』第一巻、四四二頁〕）。

それゆえマルクス主義は、たとえその歴史の運動の見方を主張するにせよ全部または一部を放棄するにせよ、あるいは「マルクス学者」として研究することに満足するにせよ、レーニンの表現を繰り返すならば、「世界文明の発展の大道をそれて」は現われてこなかったのである。しかし、「継承」があれば、「変化」もまたある。それ〔マルクス主義〕は、思想と社会主義の歴史のなかで一つの革命として現われている。このような革命が、人間と事物におけるあの大革命たる一七八九年の革命に多くのものを負うているのは、あたりまえのことである。

（一九七四・九・二九）

解題

渡辺　恭彦

J・ブリュアは、その論文「フランス革命とマルクスの思想形成[1]」において、マルクスにとってはレーニンのいう「三つの源泉」はそれ自体「歴史的与件」であって、源泉問題を考えるにあたっては、さらにこれに「直接の歴史的影響」として「イギリス産業革命」と「フランス革命」をつけ加えなければならない、というのである（p.170）。確かに、坂本慶一氏が指摘されるように[2]、ブリュアの説には、次元の異なる諸要素を同列に等しく源泉とみなそうとするところに問題がある。だが、マルクスの思想は、単に既成の諸思想の批判的継承あるいは弁証法的止揚によってのみ形成されたのではなく、時代の提起する諸問題や現実に生起するなまの諸事件・諸経験に触発され媒介されて練りあげられたものであることもまた事実である。それ故、ブリュアが「フランス革命」をマルクスの思想形成上の「源泉」の一つとみなすことの当否は別として、彼がフランス革命とマルクスの思想形成との関連をどのようにとらえたかをみておきたいと思うのである。

まず、著者の問題意識を確認しておこう。彼は、二つの問題を自分に提起したという。すなわち、その一つは、フランス革命についての考察はマルクスによる「唯物論的・弁証法的歴史概念」(conception matérialiste et dialectique de l'histoire)[3]の「定式化」(formuler)――ブリュアは、その「主要部分」は一八四八年頃に「定式化」されたと考える――に寄与したかどうかという問題であり、他の一つは、ブルジョワ革命はマルクスにとってどの程度まで「手本《モデル》」であったかという問題である(p.127)。著者は、これらの問題の追究のために、マルクスおよびエンゲルス(著者は両者をあえて区別しない)の著書、論文、書簡、宣言文、論争、未完の草稿、読書ノート等のなかからフランス革命に関する言説を探し出し、マルクスのフランス革命論を「再構成」しようとするのであるが、具体的な分析は、つぎの二つの部分に分けて行なわれる。すなわち、まず第一部において、マルクスがフランス革命を研究し認識した方法が検討され、そして第二部において、このフランス革命についての研究と認識が唯物論的・弁証法的歴史概念の構築に対して、さらにより一般的にはマルクス主義学説に対して、どの点で寄与したかが究明される(p.129)。

(一)

ブリュアは、フランス革命に関するマルクスの研究や認識の方法を追究するにあたっては、マルクスがみずから研究したフランス革命に関する資料だけではなく、マルクスの生きた時代の情況――「歴史の文脈」――をもあわせて考察の対象としなければならないとして、彼のいう「マルクスと一七八九年の革命との出会い」の「三つのタイプ」(p.130)、すなわち、(イ)「青年時代(一八四三年頃まで)の地理的、家庭的ならびに知的環境」からの影響、(ロ)一八四三〜四六年における「フランス革命に関する資料および歴史記述」についてのマルクスの研究、および、(ハ)パリ滞在中(一八四三〜四五年)におけるマルクスの諸経験、について検討する。

ブリュアは、まず(イ)については、ラインラントの地理的環境、とりわけトリアーの「自由な環境」を強調する。すなわち彼は、ライン沿岸地方は、フランス革命およびナポレオン帝政によって封建的な経済的・社会的および政治的機構(とりわけ領主制度)が根底からくつがえされ、ドイツの他のどの地方よりもフランス革命の影響が強く長期にわたってみられたこと、そして、ドイツに存在しつづけたフランス革命はマルクスの家庭や彼が学んだ高等中学や大学のなかにも生きていて、マルクスのフランス革命に対する賛嘆の念を育成したこと、さらにまた、フランス革命がヘーゲル左派のひとびとに喚起したのと同じ熱狂とりわけ山岳派に対する熱狂が、ひとしく若き日のマルクス(やエンゲルス)に革命的ロマンティシズムを醸成したことを指摘する(4)(pp.130–135)。

(ロ)については、ブリュアは、まず、アムステルダムの「国際社会史研究所」に保管されているマルクスの研究ノートのうちMEGA版に収録されあるいはマクシミリアン・リュベル(Maximilien Rubel)によって発表されたノート(5)、とりわけ「クロイツナッハノート」と「パリノート」を重視する。すなわち、彼は、前者のなかでは、ハインリヒ『フランス史』（Heinrich, *Geschichte von Frankreich.* 3 vols., Leipzig, 1802~1804）、カール・フリードリヒ・エルンスト・ルードヴィヒ『フランス革命史』（Carl Friedrich Ernst Ludwig, *Geschichte der letzten fünfzig Jahre.* 2 Teil: Geschichte der französischen Revolution v. d. Berufung der Notabeln bis z. Sturz der Schreckensregierung. Altona, Hammerich, 1833）、シャルル・ラクルテル『王政復古以後のフランス史』（Charles Lacretelle, *Histoire de France depuis la Restauration.* 4 vols., Paris, 1829~1835）のドイツ語訳、バイユール『フランス革命の主要事件についての考察と題するスタール男爵夫人の遺著の批判的検討』（J. Ch. Bailleul, *Examen critique de l'ouvrage posthume de Mme la Baronne de Staël, ayant pour titre : Considération sur les principaux événments de la Révolution française.* 2 vols., Paris, 1818）、エルンスト・アレクサンダー・シュミット『フランス史』（Ernst Alexander Schmidt, *Geschichte von Frankreich.* (Geschichte der europäischen Staaten. Hg. von A. H. L. Heeren und F. A. Ukert) 4 Bde, Hamburg, Perthes, 1835~1848）第一巻、ウィルヘルム・ヴァクスムート『革命期フランス史』（Wilhelm Wachsmuth, *Geschichte Frankreichs im Revoltion-zeitalter* (Geschichte der europäischen Staaten)）第二巻等についてのマルクスのノートを重要なものとしてとりあげる。ブリュアは、とくに、セーヌ・アンフェリユール県選出のジロンド派国民公会議員であったバイユールの著作[6]からのマルクスの抜粋（財産は人間の社会的・道徳的位階の指標とみなされるとする部分）、ヴァクスムートの著作からの六六箇所の

抜粋と一一七点から成る著作リストの作成（ＭＥＧＡ版第一部第一巻第二分冊、一二七頁）を重視する。また彼は、一七八九年の革命との関連では、レオポルト・ランケ編の『歴史学・政治学雑誌』（*Historisch-politische Zeitschrift*）所収の諸論文、シャトーブリアン版（一八三一年）『社会契約論』および『法の精神』、ランチツォーレ『フランス七月革命の三日間』（Karl Wilh. Lancizolle, *Über Ursachen, Charakter und Folgen der Julitage. Nebst einigen Aufsätzen verwandten Inhalts.* (Beitr. z. Politik u. z. Staatsrecht Sammlung. I, Berlin, Ferdinand Dümmler, 1831）などをあげ、マルクスは、それらの著作を通じて、「近代諸国家および諸国民の発展」、すなわち、「ブルジョワジーの本質と擡頭」に関心をひかれるとともに、「所有関係と法的・政治的諸関係とのあいだに打ちたてられる内的諸関係」の問題を一層自覚的にとりあげるようになり、そして、それらの問題意識は恐らく『ヘーゲル国法論批判』や『ヘーゲル法哲学批判序説』に投映されたであろう、と論定する（pp.138–139）。

　つぎに、「パリノート」については、ブリュアは、『一八世紀経済学者・財政論者著作集(E. Daire et H. Dussard (éd.), La Collection des principaux économistes. tome 1 : *Economistes-financiers du XVIIIe siècle.* Guillaumin, Paris, 1843）（とくにボワギュベール）についてのマルクスの研究（ＭＥＧＡ版第一部第三巻五六三～五八三頁）とともに、ルネ・ルヴァスール『回想録』(René Levasseur, *Mémoires.* Rédigés par Achille Roche, 4 vols., 1829–1831）の第一巻抜粋ノート（ＭＥＧＡ版第一部第三巻四一九～四三四頁収録）を重視する。とりわけ彼は、後者における、

一七九二年八月一〇日（国王の権利停止）から同年九月二一日（国民公会の召集、王政の廃止、共和国宣言）のあいだの「空位時代」についての記述に対するマルクスの着目を、すなわち、この時期におけるジャコバン派の行動の人民主義的「無政府性」と国民公会への徹底した権力の集中に対する着目を、まさにこの時期（一八四四年）のマルクスの闘争概念と権力概念の表われとして重視するのである[7]（pp.139-141）。

ブリュアは、フランス革命に関する資料および歴史記述とマルクスとの出会いを示すもの（上記(ロ)）としては、一八四五～四六年のいわゆる「ブリュッセルノート」および「マンチェスターノート」と「マルクスの蔵書」とをあげる。前者については、彼は、とりわけ、『資本論』や『剰余価値学説史』のなかでマルクスが利用したネッケル、ブリソーおよびランゲの資料を含んでいたヴィルガルデル『フランス革命以前の社会思想史、または、昔の思想家および哲学者に追いこされ凌駕された現代社会主義者。原典付き。』（P. de Villegardelle, *Histoire des Idées sociales avant la Révolution française: Ou les socialistes modernes devancés et dépassés par les anciens penseurs et philosophes. Avec textes à appui.* 1846）についてのノートを重要なものとして指摘する（p.141）。後者については、エンゲルスとポール・ラファルグおよびラウラ・ラファルグとの往復書簡を証拠として、いくつかの著作を指摘している（Cf. pp.141-142）。ブリュアは、最後に、一七八九年の革命に関する著作や定期刊行物へのマルクスおよびエンゲルスの著作中における言及や引用を二〇点以上にわたってあげる（pp.142-144）[8]とともに、マルクスの思想の歩みを明らかにするためには、マルクスとフランス革命とのこの「第二の出会い」を、すなわち、フランス革命に関する資料および歴史記述とのマルクスの出会いを、「系統的」に研究することがぜひとも必要であることを強調する（p.145）。

パリ滞在中におけるマルクスの諸経験（上記(八)）については、ブリュアは、つぎのように述べている。すなわち、当時のパリには、一方に「ナポレオン神話」が「過去への復帰」の願望の象徴として存在していたのと同時に、他方において、「ジャコバン神話」が「近代的な民主主義的・社会的願望の一範型」として存在していて、マルクスは、このようなジャコバンの伝統に強く支配された運動のなかで、すなわち、新ジャコバン派のひとびとによる新バブーフ主義運動が展開されるなかで、パリの革命的人民結社を識り[9]、一方において共産主義者デザミを賛美しながらも、他方において「バブーフの理論と方法の時代錯誤的再現」に対しては否定的評価を加えたのであった、と（pp.144-147）。

以上のように、ブリュアは、幼少年時代から一八四六年頃にいたる時期におけるマルクスとフランス革命との「出会い」を三つのタイプに区別し、それぞれを特定のモメントに対応させつつ、これらの出会いの実態を明らかにするのであるが、彼はさらに、マルクスのフランス革命に対する関心はこれらの時期に限らず全生涯にわたっていること、かくして彼がそれによってフランスの歴史について得た認識は、エンゲルスが一八八五年に『ルイ・ボナパルトのブリュメール一八日』への序文において述べたように、「フランスは階級闘争がつねにどの国よりも徹底的に結着まで闘いぬかれた国である」という認識であったことを、附言している（p.148）。

㈡

ブリュアは、論文の第二部で、「フランス革命についての認識はどの程度マルクス主義思想の構築に寄与したか」を問う。彼は、コルニュと同様、「一八四五年までにマルクスがフランス革命についてくだした判断の態様は、彼の思想形成の決定的な時期における彼の知的ならびに政治的発展をきわめて正確に説明することを可能にしている。」と考える（p.148）のであるが、上記の問に答えるために、二つのテーマを、すなわち、(a)「フランス革命の研究は史的唯物論の構築に寄与したか。また、どのようにか。」、(b)「革命的経験としての一七八九〜九九年の大動乱は、それを革命的経験のモデルとすることによってプロレタリア革命の準備と指導のために利用し得るような要素を、含んでいるであろうか。」の、二つを設定する（p.148）。

第一のテーマについては、ブリュアは、マルクスはフランス革命の研究から、従来のブルジョワ的フランス革命史家（例えば、ギゾー、ミニェ、チエーリ）の階級闘争史観では解決し得なかったような「事件の神話破壊」(la démystification de l'événement) という問題を提起したこと、例えば、マルクスは、彼が『ルイ・ボナパルトのブリュメール一八日』のなかで「一七八九〜一八一四年の革命はローマ共和制の服装とローマ帝国の服装をかわるがわる身にまとった」と述べたように、事件の主役たちが「新しい闘争に栄光をそえる」ために行なった（あるいは行なう）過去による現在の神話化――「死者のよみがえり」――の秘密を暴露したこと、そして、マルクスはさらにそのような神話破壊の作業から、「法」のうちには恒久的価値と想定されるものの意識的または無意識的な神話化が存在することを洞察するにいたったことを、指摘する（pp.149-150）。ついで彼は、マルクスおよびエンゲルスが、「フランス革命についての考察の結果として」、法は「存在条件の変化とともに必然的に変る」という「法の歴史的相対性の観念」と「現実的なものはすべて合理的であり、合理的なものはすべて現実的である」というヘーゲルの命題の反対物への転化に、すなわち、経済的社会構成体の弁証法的発展の観念に、到達したことを、マルクス「ライン民主党地区委員会に対する訴訟」（一八四九年）およびエンゲルス『ルートヴィヒ・フォイエルバッハとドイツ古典哲学の終結』（一八八六年）の言葉を引用しつつ論定する（pp.151-152）。ブリュアは、さらに、「マルクスが具体的経験としてのフランス革命から出発し、それを媒介としてより一般的な見解に到達する段階としての諸契機」として、(イ)『ヘーゲル法哲学批判序説』[10]（一八四四年）における「全般的衝突の身分」ないし「全般的障壁の化身」という考えの発見、(ロ)『共産党宣言』（一八四八年）における「全般的障壁」=「生産力発展の障壁」という考えへの発展（歴史の運動の根本法則の定式化）、(ハ)『ユダヤ人問題によせて』（一八四四年）における「政治的解放」=「政治革命」と「人間的解放」=「社会革命」との区別[11]、(ニ)『道徳的批判と批判的道徳』（一八四七年）などにおける革命運動における人民大衆＝無産大衆《プロレタリアート》の役割の重視とバブーフ主義に対する評価、について詳細に述べたのち（pp.162-169）、「階級闘争、歴史の立役者たちが自分自身について描く幻想、生産力の発展と生産関係とのあいだの矛盾、イデオロギーの発生、二つの基本階級の敵対関係に限定されず二次的階級の動きをもひっぱりこむ階級闘争の複雑さ――こうした多くの諸問題が、フランス革命によってマルクスの注視するところとなった。カール・マルクスは、この経験から出発することによって、史的唯物論とよばれるところのものを形づくるより一般的な性質をもつ一組の諸命題に達したのである。」と、結論する（p.161）。

第二のテーマについては、ブリュアは、(イ)マルクス（およびエンゲルス）にとって、フランス革命（一七八九～九九年の歴史的経験）は、もっぱら政治の分野で、そしてブルジョワ革命として徹底的に闘いぬかれた点で「古典的純粋性」と「永続革命」のモデルであり、それ故、ブルジョワ民主主義革命についてのマルクス主義理論の、ひいてはレーニン主義理論の構築に寄与したこと、(ロ)一七八九年の革命からナポレオン帝政にいたるまでの研究は、マルクスに、絶対理念の実現というヘーゲル的国家観からの脱却を可能にし、国家と生産諸関係との緊密な結びつきを、従って、国家の階級的性格の把握を、可能にしたこと、(ハ)マルクスは、立法議会から国民公会にいたる過渡期の人民主義的・独裁的権力機構をプロレタリア革命から社会主義の建設にいたる過渡期に対するモデルとして考えていたこと、[12] (ニ)フランス革命の経験は、マルクスに、革命の情況というものは「客観的要素」（生産力およびその生産力が生産諸関係のなかでぶつかるさまざまな障害物）、「主観的要素」（イデオロギー、集団意識など）および「情況的要素」（経済・金融恐慌、戦争の情況など）から成っていてきわめて複雑であることを教えたことを、多くの著作からの引用[13]によって示している（p.162-169）。

ブリュアは、以上のような分析をもって、「フランス革命はマルクス主義の源泉の一つであった」ことの「証明」[14]とするのであるが、しかしそれは、「思想的源泉」としてそうであったというのではなく、「歴史的経験として、すなわち、マルクスが研究し得た近代のもっとも大きな歴史的経験」として、マルクス主義の一源泉となった、というのである（p.169）。かくして彼は、「歴史の与件」としての「三つの源泉」以外に、「イデオロギー的中継のない」「直接の歴史的影響」をおよぼした「決定的な」「事件」として、「イギリス産業革命」とともに「フランス革命」の影響[15]をマルクスの思想形成史全体のなかに正しく位置づけることの必要を、あらためて強調するのである（p.170）。

（1）J. Bruat, La Révolution française et la formation de la pensée de Marx. *La pensée sosialiste devant la Révolution française*. Société des études robespierristes, Paris, 1966, pp.125-170.（本稿二の本文および注の頁数は本論文の頁数）。この論文は、著者が一九六三年一二月の「ロベスピエール研究協会」の総会に提出した報告を敷衍するかたちで書き改められたものである。著者によれば、革命一

五〇周年にあたる一九三九年に、一七八九年の革命に関するマルクス＝エンゲルスのすべてのテクストを集める仕事をある出版社から委ねられたが、戦争の勃発によって中断を余儀なくされ、偽名による若干のノート（Jean Montreau, La Révolution française et la pensée de Marx. *La Pensée*, No. 3, oct.-nov.-déc. 1939, pp.24-38）を発表するにとどまった、という（pp.125-126）。なお、筆者は、この「ノート」を、クラウス・リプリント（一九七二年）で読んでみたが、簡潔であると同時に、ナチス的フランス革命観に対する批判と抵抗の姿勢がうかがわれて、興味深い。

（2）坂本慶一『マルクス主義とユートピア』、紀伊国屋書店、一九七〇年、五五頁。

（3）ブリュアによれば、「史的唯物論」（《matérialisme historique》）という「慣用的表現」は、マルクス主義的歴史概念のもついくつかの側面のうちの一つしか表わさず、したがってまた、「極度に決定論的で機械論的な解釈を容易にする」大きな欠陥をもっている、という（p.127 の注⑼）。しかし、ブリュア自身この表現を用いている。

（4）ブリュアは、ラインラントに対するフランス革命の影響については、エンゲルスの「ドイツにおける革命と反革命」〔1 革命前夜のドイツ〕（一八五一年）や「ドイツ国憲法戦役」〔1 ラインプロイセン〕（一八五〇年）を引用し、また、ドロ（J. Droz, *Le libéralisme rhénan 1815~48*. Paris, 1940）からの引用によって、ライン州長官ボールデンシュヴィンクの内務大臣フォン・ロショウ宛書簡を紹介している。家庭的・知的環境については、彼は、「自由主義者」であった父ハインリヒ・マルクス、「フランス精神」にかぶれていた高等中学時代のヴュッテンバッハ、シュタイニガー、シュネーマン、「フランス革命を真に崇拝していた」エドゥアルト・ガンスらの影響をあげる。さらに、知的環境については、フランス革命に熱狂するヘーゲル左派の精神的風土のマルクスに対する影響、すなわち、グツコウ、ベルネ、ヘスらの影響をあげる。なお、ブリュアは、「ヘスはドイツへのバブーフの思想の浸透に決定的な役割をはたした」と述べるとともに、「バブーフ主義がドイツに浸透するのはドイツ人亡命者たちが頻繁に出入していたパリの秘密結社を介してであるように思われる。」と、いっている（p.135）。

（5）『ルヴュ・ソシアリスト』（*Revue socialiste*）所載「読書家マルクス」（Marx lecteur. nov. 1946）、および、『国際社会史評論』（*International Review of Social History*）所載「カール・マルクスの研究ノート」（Les cahiers d' études de Karl Marx. No. 3, 1957）。

（6）ケギは、このバイユールの著作およびルヴェ（Louvet）やバレール（Barère）の回想録から、マルクスは、国民公会期における革命と反革命の実相（ジャコバン派とジロンド派の抗争）を学んだ、と述べている（Kägi, P., *Genesis des historischen Materialismus. Karl Marx und die Dynamik der Gesellshaft.* Europa Verlag, Wien, 1965, SS. 184-186）。

（7）ケギもまた、ルヴァスールの『回想録』の影響を重視し、「われわれは、〔国民公会による〕屍をこえての社会的目的への手段の従属と無限の〔愛国的〕献身ならびに清廉さとの結合がマルクスに感銘を与えたことを認める必要がある。」と、述べている（Kägi, P., *op. cit.*, S. 188）。

（8）ブリュアは、ビュシェ、ルー、ルイ・ブラン、ミニェ、ヴォラベル、チエール、カミーユ・デムーラン、カベー、ラポンヌレ、マラー、ブルジャ、ヌガレ、バレール、モンガイヤール、ロラン夫人、ルヴェ、ボーリュ、ペルチエらへのマルクス＝エンゲルスの言及または彼らからの引用をあげている。

（9）ブリュアは、マルクスがパリの革命的人民結社を識ったのは、彼の直接の参加によるものであるかどうかは確かではないが、「ハイネとドイツ人亡命者たちを通じてであった」ことは「確か」である、といっている（p.145）。

(10)「……一国民の革命と市民社会のある特殊な階級の解放とが一致するためには、つまり、一つの身分が全社会の身分であると考えられるためには、社会のいっさいの欠陥がある他の一つの階級に集中されていなければならず、またある特定の身分が全般的衝突の身分、全般的障壁の化身でなければならず、またある特殊な社会的領域が、この領域からの解放が全般的な自己解放であると思われるほど、全社会の札つきの非行としてみとめられなければならない。ある一つの身分がすぐれて解放する身分であるためには、逆にいま一つの身分が公然たる抑圧の身分でなければならない。……」とする見解（邦訳、『マルクス・エンゲルス全集』第一巻、四二五頁）。ブリュアは、マルクスのこの見解は、レーニンが『共産主義内の「左翼主義」小児病』において「革命の基本法則」とよんだところのものを想起させると、述べている（p.135 注(71)）。

(11) ブリュアは、この問題についてのマルクスの分析を深く追究するためには、さらに、「論文『プロイセン国王と社会改革――一プロイセン人』に対する批判的論評」（一八四四年）と『聖家族』（一八四五年）におけるマルクスの分析、とくに、ロベスピエールとナポレオンの敗北についての分析を、詳細に検討しなければならない、という（pp.156-157）。

(12) この点についてブリュアは、「プロレタリアート独裁の必然性に関するマルクス主義的命題の構想における山岳派独裁の経験の役割はいかなるものであったか」と設問し、マルクスのプロレタリア独裁観およびプロレタリア政党観は、バブーフ主義および新バブーフ主義に負うものであることを明らかにしている（pp.166-167）。

(13) (イ)については、エンゲルス「『空想から科学への社会主義の発展』英語版への序論」(一八九二年)、同「カール・マルクスの著作『ルイ・ボナパルトのブリュメール一八日』ドイツ語第三版への序文」(一八八五年)、マルクス「ブルジョワジーと反革命」(『新ライン新聞』一八四八年一二月一〇日)、『ルイ・ボナパルトのブリュメール一八日』(一八五二年)、マルクス＝エンゲルス「一八五〇年の中央委員会同盟員への呼びかけ」(一八五〇年)、(ロ)については、マルクス『フランスの内乱』(一八七一年)、同『聖家族』(一八四五年)、(ハ)については、マルクス＝エンゲルス「ブリュッセルの記念祭における演説」(一八八八年)、同「呼びかけ」(一八五〇年)、(ニ)については、マルクス『経済学批判』「序言」(一八五九年)、エンゲルス『反デューリング論』(一八七七年)などが引用される。

(14) ブリュアは、「この観点からするならば、マルクスは、革命を準備するのに寄与した思想(啓蒙哲学)と革命がその進展の過程のなかで生ぜしめた思想(バブーフ主義)しか――しかもある程度しか――継承しないであろう。」と、述べている(p.169)。

(15) ドマンジェもまた、「マルクス主義の源泉の一つとしてのフランス」と題する章で、「ドイツの社会主義」、「より明確にはマルクスの社会主義」に対する、「歴史的諸経験」としての「バブーフ主義」および「ブランキ主義」の影響とともに、「フランス革命」の影響を重視して、つぎのように述べている。「こうしたことすべて〔フランスおよびイギリスの経済学者についてのマルクスの研究〕が、共産主義の基礎を、哲学とともに経済学のうえに据えるのを可能にするであろう。とりわけフランス革命についての歴史的研究が、他の二つの基礎に政治的基礎をつけ加えることを彼に可能にするであろう。」(Dommanget, M., *L'Introduction du marxisme en France*. Editions Rencontre, Lausanne, 1969, pp.38–39)。

あとがき――畏友渡辺恭彦君への哀惜の想いを込めて

吉原　泰助

八朔社の片倉和夫社長から渡辺恭彦君の遺稿である当翻訳の「あとがき」を書けとの御下命があった。私自身、その任に耐えうるか否か不安がなくもなかったが、なにしろ、片倉君は、私のゼミの〈東京連絡所〉や、さらには事実上の〈福島大学出版会〉の大役を果たしてくれていて、同君には計り知れぬ恩義がある。他方、恭彦君――こう呼ぶ所以は後述――とは、在籍の大学院こそ違っていたものの、院生の頃からの永い付き合いである。私の「あとがき」が気に入らなくとも、少々のことは二人の交友の星霜に免じ勘弁してくれるだろうと勝手に決めて、腹を括った。

＊

一九五八年、ケネー「経済表」二百年を記念して、経済学史学会で明治以降の日本における重農主義研究文献の総覧を作成しようという企画が持ち上がった。確か、代表幹事の久保田明光先生（早稲田大学教授―肩書はいずれも当時のもの、以下同じ）の御提案であったと思う。そして、その企画の実行を託されたのが、坂田太郎先生（一橋大学教授）と渡辺輝雄先生（東京経済大学教授）であった。これら両先生の作業の実働部隊としてお二方に繋がる若手六名が動員された。坂田先生のもとでは、ともにチュルゴー研究者であった津田内匠さん（一橋大学経済研究所助手）や恭彦君（同院生）たちである。渡辺輝雄先生は東経大の助手を兼ねていた門下生高山満君（東京大学院生）に声をかけた。もちろん高山君に否やはなかったが、高山君が彼と大学院で親しくしていた吉原に「お前も重農学派の裾野を齧っているのだから手伝え」といって、私をその仕事に引きずりこんだのである。

毎週木曜日と記憶するが、〈国立〉の一橋大学付属図書館の書庫に潜り込み、関連する書籍や雑誌論文のリストを作り、その要旨の執筆を著者に依頼したり、さもなくば当方で執筆したりの作業をした。こうした徒弟的仕事は、研究者として駆け出しの私にとって良い鍛練になったが、加えて津田さんや恭彦君ら一橋のフィジオクラート研究者と知り合えたのも私の貴重な財産となった。その頃から、恭彦君は、大塚金之助、上原専禄、坂田太郎という日本におけるマルクス経済学・西欧経済史・社会思想史研究の泰斗・先達の薫陶を受けた正統的研究者としての風格を備えていた。このように、恭彦君との出会いは、六〇年も前ということになる。そして、右の作業は、坂田太郎・渡辺輝雄編『わが国における重農主義研究文献目録』（勁草書房、一九七四年）に結実、恭彦君も私も、そこに協力者として共に名を連ねている。

余談に近いが、その後も坂田先生や渡辺輝雄先生の学恩に浴することが多かった。私が福島大学に赴任するときも、戦前、福島高商が初任校であった坂田先生は大層喜んでくださった。渡辺輝雄先生には、私が学部長の折り福島大学経済学部大学院経済学研究科に経営専攻を増設する件で、当時、設置審の委員長をしておられた先生に種々御指導を仰いだ。そうした流れで、渡辺輝雄先生が東経大の学長を勤められてお亡くなりになった直後、門下生の鈴木信雄さん（千葉経済大学教授）が編纂した『渡辺輝雄経済学史著作集』全三巻（日本経済評論社、二〇〇〇年）の解説を小林昇先生（日本学士院会員、福島大学・立教大学名誉教授）とご一緒にお引き受けすることになった。さらに、市ヶ谷の私学会館アルカディアでの〈『渡辺輝雄先生著作集』刊行記念の会〉で――私自身学長の公務に追われていたが――輝雄先生の奥様や小林昇先生、旧友の富塚文太郎東経大前学長（同理事長）はじめ東経大の先生方あるいは教え子の皆さんを前に「ケネーとその時代――渡辺輝雄先生を偲びながら」と題する講演をするのをお受けしたのも、〈重農主義文献目録〉以来の御厚誼に報いるためであった（渡辺輝雄先生経済学史著作集刊行委員会『刊行記念講演会・思い出を語る会全記録』二〇〇一年に収録、四～二四頁）。こうした『著作集』の解説や〈刊行記念の会〉の講演を私に振ったのも他ならぬ高山満君である。

御恩ある諸先生方、畏友恭彦君や高山君もいまは亡い。毎週〈国立〉に通った、あの若き日々が懐かしく想い出される。

ところで、大学院を了えてから、恭彦君は千葉商科大学に職を得ていたし、私は福島大学に来てしまった。したがって、会う機会は余りなかった。だが、あにはからんや、赴任数年後の一九六七年に、縁あって恭彦君は、社会思想史担当の講師として、福島大学経済学部に移ってこられた。まことに適任であった。かくて、二人の旧交は復活したのである。当時、経済学部には既に渡辺姓の教官が二名おられた。こう言う場合、皆その名で呼ぶならわしがあった。この時から、渡辺君は恭彦君に変身する。

＊

この時期の福島大学経済学部は、マルクス経済学の理論、経済史あるいは経済学史の若手研究者の活気ある学問共同体であった。教官の溜まり場や飲み屋で侃侃諤諤、学問的あるいは非学問的議論を闘わした。また紀要『商学論集』も花盛りであった。恭彦君も、この知的梁山泊の喧騒に吸い込まれるのに時間を要しなかった。恭彦君を迎えて、私は旧交を温めえただけではない。自慢にはならぬが、わが経済学部の図書室はフランス関係の蔵書が手薄であった。学部は伝統的に、小林昇先生はじめ、渡辺源次郎さん、羽鳥卓也さん、田添京二さん、富塚良三さんなどイギリス重商主義やイギリス古典学派の研究者が多く、坂田太郎先生を別とすればフランス古典学派の研究者は傍流であった。もともと地方大学の図書予算は高が知れている。研究領域の重なる恭彦君が来て、彼が入れたフランスの古典を私が利用したり、また逆の関係も生じた。それはお互いの研究にとってプラスであった。恭彦君はフランス語に堪能である。県立会津短期大学に非常勤で出向き、フランス語の授業を持ったこともあったと記憶する。そんな恭彦君が同僚になったのだから、彼の恩恵に浴することの方が多かった。お蔭で、Schelle文庫や手塚文庫を擁する小樽商大には及ばぬが、旧高商系の地方大学としては、かなりのフランスの古典を揃える結果となった。

このように優れたフランス語能力の持ち主（Francophone）であった恭彦君は、一九七〇年代半ば、重農学派研究のメッカであるパリの《国立人口問題研究所》（Institut Natiional D'Étude Démographique＝通称「イネド」〈I.N.É.D.〉）に留学する。そこで、エシュト（Jacqueline Hecht）女史のもとで、フイジオクラート研究に一層の磨きをかけた。ちなみに、エシュトさんは、ケネー「経済表」二百年を期に刊行された旧『ケネー著作集』（*«François Quesnay et la Phisiocratie»* 2 vols., Paris, I.N.É.D. et PUF, 1958）の編纂にかかわり、この『著作集』の第I巻＝記念論文集に、〈ケネーの伝記〉（La vie de François Quesnay, 石井良明訳『フランソワ・ケネー伝』第一書店、一九八〇年）と〈解題つきフイジィオクラート研究文献目録〉を執筆している。恭彦君自身、エシュトさんを助け〈文献目録〉に日本語文献を加える仕事をし、『著作集』の刊行に貢献している。とすると、恭彦君は、パリ滞在中、本場イネドで、むかし院生の時代に共に汗をながした日本における〈重農主義文献目録〉作成の作業同様、フランス版「文献リスト作成」の〈travail（仕事）〉に携わっていたことになる。この寄与は、あまり知られていないので特記しておきたい。

恭彦君が定年後に世に問うたライフワーク『一八世紀フランスにおけるアンシャン・レジーム　批判と改革の試み――エコノミストたちの試み』（八朔社、二〇〇六年）や、渾身の訳書、エドガール・フォール著『チュルゴーの失脚――一七七六年五月一二日のドラマ』上・下（Edgar Faure *«12 Mai 1776, La Disgrace de Turgot»* Paris, Gallimard, 1961、叢書・ウニベルシタスNo. 870-871、法政大学出版局、二〇〇七年）は、そうしたパリでの在外研究を含む研鑽・蓄積の集大成である。

また、彼はフランス十八世紀（アンシャン・レジーム）啓蒙の時代の秀でた研究者であると同時に、〈和のみち〉にも通じていた。恭彦君は、『朝日新聞』みちのく歌壇の常連であり、地元紙『民友新聞』にも短歌・俳句・川柳などを投稿、しばしば採り上げられていた（禎子夫人が纏められたこれらの作品の集成私家本『句集』二〇一七年、がある）。まことに、彼の多才振りには脱帽という他ない。

＊

ここらで、主題のブリュアに歩を進めねばなるまい。もっとも、その解題そのものは、その一部を「解題」として本書に転載した恭彦君の『商学論集』【説苑】「マルクス主義のフランス的源泉に関する最近の研究動向について――J・ブリュア『フランス革命とマルクスの思想形成』の紹介をかねて」（同誌、第四十四巻第一号、一九七五年七月）で十分であろう。これに優る「解題」を書くのは至難の技と思われる。それ故、「解題」は、それに譲り、私は周縁をなぞって責任の一端を果たすこととしたい（以下、この【説苑】の本書採録部分を指して〈解題〉と記す）。

二〇世紀中葉のフランス知識人の多くは、第二次世界大戦をくぐり抜けた体験——あるいは国内で反ナチ・レジスタンスに身を投じた、あるいは国外で対ファシズム戦線の砲火に身を晒した——体験に根ざす〈反骨〉を共有する世代である。ジャン・ブリュア（Jean Bruhat, 1905-83）も、政治的・思想的・学術的あらゆる面で、そうした世代に共通する〈時代のエスプリ〉を体現した歴史家（historien）である。

歴史家としてブリュアがカバーする主要なジャンルは、交錯し重なり合うので、分類そのものがいささか強引な嫌いはあるが、以下の四領域に整理できよう。

（一）第一は、フランス近代史の結節点をなす革命的出来事や、その起伏を彩る人物にかかわる著作である。たとえば『一八四八年二月の日々』（*«Les journées de février 1848»*, Paris, PUF. 1948）、『一八七一年のコミューン』［共著］（en collaboration avec J. Dautry et E. Tersen *«Le Commune de 1871»*, Paris, Éditions sociales, 1960, 2e éd. 1970）、あるいはバブーフやナポレオンに関する著作などがあるようである。ただし、私自身、これらに目を通していないし、門外漢でもある。したがって、ここではブリュアにそうしたフランス近代史にかかわる著作が多々あると紹介するにとどめざるをえない。ただし、寡聞にして遺漏があるやも知れぬが、唯一、パリコミューン研究の第一人者である松井道昭横浜市立大名誉教授のブログに、三回にわけて、ブリュアの「コミューンの解釈、パリ・コミューンの体験と言辞」(Les interprétations de la Communes, Expériences et langages de la Commune de Paris, *«Le Nouvelle Critique* 11e *spécial»* Mars, 1971) の翻訳・紹介があるのを見つけた。ネット上のブログとはいえ貴重なので触れておきたい。

（二）第二は、労働運動史の研究者としてのブリュアである。邦訳のあるものとしては、M・ピオロと共著の『フランス労働運動史――労働総同盟（ＣＧＴ）小史』(avec M. Piolot, *«Esquisse d'une histoire de la CGT (1895–1965)»*, Paris, Éditions du Centre confédéral d'éducation ouvrière de CGT（1960, 2e éd. :1967)、小出峻訳、合同出版社）がある。一八九五年のフランス総同盟の創設から筆を起こし、この全国組織の分裂と統合の歴史を軸にフランスにおける戦闘的プロレタリアートの波瀾に富んだ歴史を辿ったものである。この本の性格は、原本の出版元が「フランス労働総同盟労働者教育連合センター」であることや、邦訳にときの総評事務局長岩井章氏が「推薦のことば」を寄せていることからも窺えるように、実践的動機と色合いが濃い著書である。それもそのはずで、当書は、著者ブリュアとピオレが、ＣＧＴの「教育センター」や各単産など組合運動の現場で行った講演を基礎としている。著者たちは、ＣＧＴの歴史から労働（組合）運動が汲み取るべき教訓を導き出し伝承しようと意図しているのである。結論は、「労働運動の全経験は、統一こそ、たたかいの勝利の条件である」という平凡なものであるが、運動史を通覧した上での結語であるだけに重みがある。ブリュアには、その他にも、労働運動史に関連する労作、第一インターや、コミューンの労働運動、その闘士ヴァルラン（Eugène Varlin, 1839-71）に関する著作など、このジャンルでの著述は豊富である。

（三）第三は、ソ連研究者（Soviétique）としての顔である。この分野で邦訳があるものとしては、『ソビエト連邦史』（*«Histoire de L'U.R.S.S.»*, Collection QUE SAIS-JE? N° 183, Paris, PUF, 1945, 2ᵉ éd. 1980»、小出峻訳、白水社、クセジュ文庫、一九五六年、改訂新版一九七一年）が知られている。これは、ツアリズムの崩壊から第二次大戦後までのソ連を対象とするコンパクトな通史であるが、もちろん出版時期からして、その解体には説き及んでいない。さらに著者には、このジャンルではレーニンに関する著作もある（後述）。

（四）最後は、マルクス（およびエンゲルス）研究者としてのブリュアである。本書の訳稿は、この領域に属する。私の知る限り、他に当ジャンルでの邦訳は見当たらないから、恭彦君の仕事は、ブリュアのマルクス研究に関する論稿の本邦初訳、唯一の紹介と言っても良いのかもしれない。

もっとも、〈マルクスとフランス革命〉という主題、つまり本訳書に連なるテーマは、フランスにおけるマルクス研究、あるいは、フランスにおけるフランス革命研究にあって決して珍しくはない。むしろ馴染みのテーマである。ブリュアの論文のような多くのモノグラフィーも存在するが、単行本にも同じ表題が散見される。私の乏しい知識でも、たとえば邦訳書のあるフランス革命史研究の重鎮フュレ（François Furet）の『マルクスとフランス革命』（*«Marx et la Révolution Française, Textes de Marx, présentés réunis, traduits par Lucien Calvié»*, Paris, Flammarion, 1986、今村仁司／今村真介訳、叢書・ウニベルシタス No. 882、法政大学出版局、二〇〇八年）は、その代表的な例である。この本には、サブタイトルにあるようにフランス革命に関するマルクスの叙述三十一の断章がカルヴィエの手で仏訳され収録されている。それは総ページの半ばを超える分量である。言うまでもない、マルクスが纏まったフランス革命論の著書なり論文を遺していないせいで、また、原文がドイツ語ということと相俟って、かかる手間暇のかかる手だてが必要となるのである。私の手許には、その名も『フランス革命論——マルクスとエンゲルスの諸著述』（*«Sur la Révolution Française:écrits de Marx et Engels Introduction, choix des textes et appareil critique établis par C. Mainfroy»*, Paris, Messidor/Éditions sociales, 1985）という書籍さえある。これはフランス革命二百年に先立ち出版された若干厚さがあるとはいえ新書判大のペーパーバックであるが、あなどるなかれ一八三九年から九五年に及ぶマルクスとエンゲルスのフランス革命に関する一〇七の断篇——書簡を含む——が翻訳・採録された〈アンソロジー〉である。また、パリにあるマルクス主義研究所も、一九八五年四月、同じく「マルクスとフランス革命」というテーマでコロックを開催し、その機関誌 *«Cahiers d'histoire de l'institut de recherches marxistes»*, n°. 21 に特集を組んでいる。このように当テーマ自体は、特異ではない。むしろ、革命二百年を迎えるフランスでは、ポピュラーなテーマであった。

それはさておき、ブリュアの場合には、執筆時期もかかるブームを遡ること二〇年である。それどころか、恭彦君の〈解題〉に拠ると、これには旧稿があるという。第二次世界大戦中に偽名で書かれた「フランス革命とマルクスの思想」(Jean Montreau, La Révolution Française et la pensée de Marx, *«la Pensée»* N°. 3, oct.-nov.-déc. 1939)が、それだという。とすると、この旧稿と当改訂新稿とのあいだで、『カール・マルクス—フリードリッヒ・エンゲルス、伝記的論考』(*«Karl Marx-Friedrich Engels, essai biographique»*, Paris, Club français du livre, 1960, réédité par le Livre club Diderot, Paris, 1976)という本格的なマルクス・エンゲルス研究が執筆されていることになる。後者は若き日から晩年までのマルクスとエンゲルスの思想的・理論的あるいは政治活動上の転成を、歴史的後景のなかで丁寧に追った本格的な伝記である。恭彦君が訳したブリュアの改訂稿は、この入念な伝記的論究に裏打ちされたものであろう。〈解題〉にあるように、マルクスのフランス革命との「出会い」を「三つのタイプ」——(イ)「青年時代［一八四三頃までの地理的、家庭的ならびに知的環境」からの影響、(ロ)一八四三~四六年における「フランス革命に関する資料および歴史的記述」の研究、(ハ)パリ滞在中(一八四三~四五年)の諸経験——に分け、それらをマルクスが生きた時代の「歴史的文脈」で検討するという当稿の基本的視座は、このマルクス・エンゲルス研究を継承したものであり、むしろ、それを前提・土台にして初めて可能となったと、私は思っている。

そもそも、ブリュアには、切り口を変えれば、伝記作家（biographe）としての風貌がある。すでに挙げたようにバブーフ、ナポレオン、ヴァルラン、マルクス、エンゲルス、レーニン等、各ジャンル貫通的に、歴史上の代表的人物を採り上げている。その双璧は、何と言っても〈マルクス／エンゲルス伝〉と〈レーニン伝〉である。後者『レーニン』（«*Lénine*», Paris, Club français du livre, 1960, réédité par le Livre club Diderot, Paris, 1976）は、Soviétique としてのブリュアが、レーニンの生涯——生い立ちから死去まで——を、①「嵐の予兆」（一八七〇〜一九一四年）、②「革命のオルガナイザー」（一九一四〜一七年）、③「国家指導者」（L'Homme d'État、一八一七〜二四年）という三段構成で辿った著作である。先の〈マルクス／エンゲルス伝〉とこの〈レーニン伝〉とは、初版／改版の年や出版社等を同じくする。マルクス主義史の三つの巨峰、マルクス／エンゲルスとレーニンとが同時平行的に執筆・刊行されているという事実は、この時期におけるマルクス主義史に対するブリュアの研究意欲の高揚を物語る。本稿「フランス革命とマルクスの思想形成」も——改定稿であったとしても——、この高揚と無縁ではあるまい。

以上そうじて、ブリュアの場合、これら四つのジャンルを通じ、その立ち位置は揺るぎない。彼にあっては、いずれの分野でも、テーマの選択や軸足が、徹頭徹尾人民の側に、とりわけ闘うプロレタリアートの側に置かれている。その意味では、四つの分野は、同じ問題意識の多面鏡への投影に過ぎないとも言える。そして、恭彦君が、このブリュアの論文を採り上げたのも、そうしたブリュアの視点と姿勢に共感した上であろうことは、疑う余地がない。他面、恭彦君は手放しでブリュアの論究全体を受け容れている訳ではない。〈解題〉では、何点かにわたって、論点が残るとの指摘をしている。

＊

終わりになるが、恭彦君は、ブリュアの当論文の翻訳にあたっては最初にノートを作成し、最終の原稿用紙への清書に至るまで、何度か推敲を重ねていたようである。学究肌で慎重な君のことである。本来ならば更に手を入れたいところであろう。それはもはや叶わぬ。この学問的営為を傍らで見て来られた禎子夫人がこの恭彦君の遺稿の出版を片倉君に持ちかけたという。ブリュアが他界して三十有余年、また、このブリュアの論文（改訂新稿）が発表されてからも半世紀以上の歳月が流れた。恭彦君が最後に清書した原稿用紙も時の移ろいとともに劣化が甚だしいと聴く。だが、たとえ原稿用紙は色あせても、ブリュアの周到鋭利な論究、恭彦君によるその訳業は色あせてはいない。私は、このブリュア・恭彦君合作の作品が世に問われる意義は、現時点でも決して失われてはいないと信じている。

最後に、君ならきっと書いたであろう謝辞を君に代わって記す。それは本書の上梓を発起した禎子夫人と、それに応えた八朔社の片倉社長とへの心からなる貴君の謝意、これである。加えてそれに、永きにわたる君の私への高誼に対しての、私自身の感謝の意をも添えたい。

（福島大学名誉教授）

【追記】「あとがき」を書くにあたり、ブリュアの著作を確認するのに、フランス語版“Wikipédia”の該当項目《Jean Bruhat》に附されたBibliographieの助けを借りた。ブリュアのその他の著作に関しては、それを参照して欲しい。なお、邦訳論文としては、私が気付いた限りで、社会主義政治経済研究所編の『戦争と平和の諸問題——現代帝国主義の再評価』(合同出版社、一九六〇年)に、J・ブリュア名の「レーニンと共存——ジェノヴァ会議(一九二二年)」が見出される。しかし、収録された十六篇の論文のなかで、何故か当論文だけ出典が示されていない。第三のジャンルに属するものであるが、私には、当面、その原典を探り確かめる手立てがない。したがって、ここでは、その存在を指摘するにとどめる。

〔著者〕

ジャン・ブリュア（Jean Bruhat）1905〜1983 年

労働運動を専門とするフランスの歴史学者。
著作に『ソビエト連邦史』（白水社），『フランス労働運動史――労働総同盟（CGT）小史』（M. ピオロとの共著，合同出版社），*L'Europe, la France et le mouvement ouvrier en 1848*, *Destin de l'histoire, essai sur l'apport du marxisme aux études historiques* など多数。

〔訳者〕

渡辺恭彦（わたなべ　やすひこ）1931〜2016 年

元福島大学経済学部教授，フランス啓蒙思想の社会経済思想史的研究に従事。
著作に『18 世紀フランスにおけるアンシアン・レジーム　批判と変革の試み――エコノミストたちの試み』（八朔社），翻訳書にエドガール・フォール著『チュルゴーの失脚――1776 年 5 月 12 日のドラマ』（法政大学出版局）など。

フランス革命とマルクスの思想形成

2019年 6 月 15 日　第 1 刷発行

著　者　ジャン・ブリュア
訳　者　渡　辺　恭　彦
発行者　片　倉　和　夫

発行所　株式会社　八《はっ》朔《さく》社《しゃ》

101-0062 東京都千代田区神田駿河台 1-7-7
TEL 03-5244-5289　FAX 03-5244-5298
http://hassaku-sha.la.coocan.jp/
E-mail：hassaku-sha@nifty.com

組版・鈴木まり／印刷製本・厚徳社

ISBN978-4-86014-092-2